COLEÇÃO
● TEOLOGIA PARA TODOS

Rodrigo Bibo

Teologia esfria o crente?

Tópicos sobre fé, Bíblia e igreja

© por Rodrigo Bibo de Aquino, 2023.
Todos os direitos desta publicação são reservados por
Vida Melhor Editora LTDA.

Todas as citações bíblicas foram extraídas da *Nova Versão Internacional*
(NVI), da Biblia Inc., salvo indicação em contrário.

Os pontos de vista desta obra são de responsabilidade de seu autor e
colaboradores diretos, não refletindo necessariamente a posição da
Thomas Nelson Brasil, da HarperCollins Christian Publishing ou de
suas equipes editoriais.

PRODUÇÃO: Daila Fanny Eugenio
REVISÃO: Vanessa Rodrigues e Francine Torres
DIAGRAMAÇÃO: Joede Bezerra
CAPA E PROJETO GRÁFICO: Gabriela Almeida
ILUSTRAÇÃO DE CAPA: Guilherme Match

EQUIPE EDITORIAL
DIRETOR: Samuel Coto
COORDENADOR: André Lodos Tangerino
ASSISTENTE: Lais Chagas

Dados Internacionais de Catalogação na Publicação (CIP)
(BENITEZ Catalogação Ass. Editorial, MS, Brasil)

B477t	Bibo, Rodrigo
1.ed.	Teologia esfria o crente? Tópicos sobre fé, Bíblia e igreja/ Rodrigo Bibo. – 1.ed. – Rio de Janeiro: Thomas Nelson Brasil, 2023.
	64 p.; 12 x 18 cm.
	ISBN 978-65-5689-625-0
	1. Bíblia – Estudos. 2. Cristãos. 3. Fé (Cristianismo). 4. Igreja cristã. 5. Teologia cristã. I. Título.
08-2023/44	CDD 230.09

Índice para catálogo sistemático:
1. Teologia cristã: Cristianismo   230.09
Aline Graziele Benitez – Bibliotecária - CRB-1/3129

Thomas Nelson Brasil é uma marca licenciada à Vida Melhor Editora, LTDA.
Todos os direitos reservados à Vida Melhor Editora LTDA.
Rua da Quitanda, 86, sala 601A — Centro
Rio de Janeiro — RJ — CEP 20091-005
Tel.: (21) 3175-1030
www.thomasnelson.com.br

Sumário

07 Prefácio à coleção *Teologia para todos*

09 Introdução: Um breve testemunho

15 1. Tornando-se aluno do Mestre

21 2. Ninguém explica Deus?

28 3. Por uma fé que pensa

33 4. A construção dos fundamentos da nossa fé

40 5. Quem precisa de teologia?

44 6. A arte de viver para Deus

50 7. Teologia a serviço da igreja

55 8. A doutrina cristã

63 Conclusão

Prefácio à coleção *Teologia para todos*

Geralmente, quando nos interessamos por algo, alguém, alguma coisa, algum tema, fazemos perguntas sobre isso. Perguntar é um ato de gente interessada — pode ser de gente metida também, eu sei (risos), mas, aqui, estou pensando nessa atitude de maneira positiva. Os discípulos fizeram perguntas para Jesus, que muitas vezes respondeu com outras perguntas. Entre perguntas e respostas, o reino de Deus foi ensinado e aprendido.

Em diálogos honestos e relações saudáveis, perguntas sempre são bem-vindas. Jesus não teve problemas em ser questionado. Paulo escreveu duas cartas respondendo às dúvidas que recebeu da comunidade de Corinto. Aliás, podemos pressupor que, por trás dos escritos do Novo Testamento, estão questionamentos da igreja nascente.

Foi justamente por acreditar que perguntas honestas merecem respostas bíblicas que criamos a coleção *Teologia para todos*. O objetivo é fomentar, por meio de perguntas e respostas, a reflexão sobre temas importantes da fé cristã. Nossa fé foi construída em meio a um povo que experimentou a presença e a revelação divinas. O Antigo e o Novo Testamento são frutos dessa relação e da reflexão sobre quem é Deus e o que ele espera de sua criação.

Sim, Deus espera que seu povo conheça as Escrituras e saiba relacionar a revelação com a rotina! Por isso, os temas dessa coleção estarão sempre permeados pela teologia prática. A ideia central de cada livro é responder a uma pergunta ou inquietação da igreja brasileira, ao mesmo tempo que ensina princípios básicos da doutrina cristã.

Pelo tamanho do livro que você tem em mãos, fica evidente a intenção de que ele seja apenas uma introdução ao assunto da capa. Contudo, os autores e as autoras se esforçaram ao máximo para entregar, de forma sintética e clara, aquilo que é fundamental saber sobre a pergunta que gerou o livro. Para aprender mais, consulte as referências bibliográficas citadas nas notas de rodapé ao longo de cada obra. Ao estudar as fontes que os autores usaram, você pode ir mais longe.

Esperamos profundamente que este livro e todos os demais da coleção *Teologia para todos* inspirem você a viver a fé evangélica de maneira mais sóbria, a fim de que, "se alguém lhes perguntar a respeito de sua esperança, estejam sempre preparados para explicá-la" (1Pedro 3:15).

Rodrigo Bibo
Autor do best-seller *O Deus que destrói sonhos*,
criador do Bibotalk e da EBT — Escola Bibotalk de Teologia.
Casado com a Alexandra e pai da Milena e do Kalel.

Introdução
Um breve testemunho

Eu aprendi a amar e a estudar a Palavra de Deus numa igreja pentecostal. Sempre gostei dos cultos de ensinamentos e da escola bíblica dominical. Levei muito a sério esse lance de sermos o povo do livro. A fé em Cristo inclusive me despertou para a leitura, hábito pouco cultivado por mim antes da conversão.

Eu costumava entrar nas filas de oração ao final dos cultos não para que o pregador orasse por mim, mas para tirar dúvidas acerca do que ele tinha pregado. Percebi, desde cedo, que a Bíblia é complexa e cheia de leituras possíveis. Ficava (e ainda fico) encantado quando o pregador ou professor abria o texto bíblico e explicava os detalhes e os contextos, e como tudo isso deixava o ensinamento mais vivo e interessante.

Lembro quando ganhei minha primeira Bíblia de Estudos. Eu havia ido com alguns amigos à casa de um jovem que não frequentava mais a igreja. Enquanto eles conversavam, fui atraído para uma estante cheia de livros, e lá percebi um livro grande, de capa de couro, imponente naquela fileira. Ao abrir, vi que era uma Bíblia cheia de mapas, estudos e notas de rodapé. Fiquei encantado. Antes de irmos embora, puxei papo com o moço sobre aquele grande livro em sua estante e, ao perceber que ele não usava muito, pedi para mim, sem titubear. Meus amigos me olharam com ar de desaprovação, mas eu não me importei, era um desperdício uma Bíblia daquela parada sem uso. Saí da casa com a Bíblia na mão e a usei por muitos anos, até presentear uma amiga com ela, já que eu tinha ganhado outra.

Eu estudo a Bíblia e a teologia desde 1999, ano da minha conversão. Fiz dessa paixão meu ministério. Um dos meus amigos falava muito sobre missões transculturais, enquanto eu só pensava em manter todo mundo dentro da igreja e permitir que saíssem somente quando tivessem aprendido o básico da Bíblia. Exagerado, eu sei, mas eu era jovem. Apesar disso, esse desejo me guia até hoje: despertar mais e mais pessoas para o estudo das Escrituras.

É um desafio, pois ainda existem lideranças que desencorajam seus irmãos e irmãs do estudo teológico. Ainda hoje, o jargão "teologia esfria o crente" é disseminado. Pastores e pastoras falam em alto em bom tom que teologia não serve pra nada, que "a letra mata". Então, temos muito trabalho pela frente. Por isso, gostaria de destacar duas coisas.

Primeiro, quando falo em estudo teológico, tenho em mente o ato simples de ler e estudar a Bíblia: aquele devocional mais parrudo, em que você se interessa por compreender melhor os pormenores do texto; ou quando você lê livros que o ajudam na tarefa de entender e de aplicar a sabedoria divina na vida.

Segundo, o fato de você estar lendo este livro já o destaca da multidão de crentes preguiçosos, aqueles que não possuem um critério mínimo para avaliar sua fé e prática. O fato de você querer entender esse rico universo que é a teologia cristã já o coloca num caminho de discernimento apurado, e isso é ótimo para o reino de Deus.

O que tenho instigado nesses anos de ministério é o que pretendo fazer aqui: mostrar a importância e a necessidade de valorizarmos o estudo continuado das Escrituras de forma teológica e organizada. Meu objetivo é levar você a amar o estudo e a levar mais a sério essa tarefa de ser cristão, e não tornar você um mestre em teologia.

Sei que Deus dá mestres à igreja, e você até pode se tornar um ou uma — lembrando do alerta de Tiago para que nem todos queiram ser mestres (Tiago 3:1) —, entretanto, sem sombra de dúvida, é tarefa de todos se dedicar ao estudo bíblico-teológico da Palavra de Deus. A Bíblia Sagrada está entre nós e nos foi dada como fonte de conhecimento seguro de quem é Deus e o que ele quer para o seu povo.

Nós precisamos crescer em conhecimento, e isso só acontece se estudamos e nos dedicamos a aprender sobre a Bíblia e a revelação de Deus. O grande mandamento nos chama a amar a Deus com nosso coração, nossa mente e nossas forças. Ou seja, somos convidados a amar a Deus, a crescer em discernimento com tudo o que somos: coração, mente e forças — uma maneira bíblica de dizer "ame ao Senhor, conheça-o com tudo o que você é", isto é, que a sua existência respire a presença e o conhecimento do Altíssimo.

> **A Bíblia Sagrada está entre nós e nos foi dada como fonte de conhecimento seguro de quem é Deus e o que ele quer para o seu povo.**

MAS A LETRA MATA MESMO?

Como já disse, ainda hoje pessoas usam o versículo "pois a letra mata, mas o Espírito vivifica" (2Coríntios 3:6) como base bíblica para desencorajar irmãos e irmãs nos caminhos do estudo bíblico-teológico. Dizem que muito estudo prejudica a vida de fé, que a pessoa fica muito racional, muito questionadora. Vira um crente frio.

Antes de explicar essa passagem bíblica e mostrar que ela é mal-empregada nessa acusação, vamos esclarecer algumas coisas. É fato que muita gente que começou a estudar Bíblia e teologia ficou insuportável, virou analista de culto e comentarista de pregação. Começou a questionar práticas da igreja, e nada mais foi bom o suficiente.

Infelizmente, isso aconteceu comigo quando eu não nutria desejos missionários, mas desejava ensinar a igreja local. Então, o intuito sempre foi nobre, porém o acesso ao conhecimento me

TEOLOGIA ESFRIA O CRENTE?

tornou arrogante. Isso porque eu só estava no início da jornada teológica. Graças a Deus e a irmãos maduros, fui calibrando minha busca teológica e vida na igreja; afinal, não faz sentido conhecer a Bíblia se não for para servir à igreja.

Muitas igrejas não cultivam um ambiente de ensino e aprendizagem. Lideranças inseguras e despreparadas não aceitam que seus sermões sejam questionados, protegendo-se sob a égide de serem homens ou mulheres de Deus. E isso é absurdo, visto que o próprio apóstolo Paulo teve suas pregações analisadas pelos bereianos (Atos 17:11) e que Jesus não se ofendeu com a dúvida de Tomé (João 20:24ss).

Por isso, uma cultura de mansidão, humildade e sabedoria precisa ser cultivada nas comunidades a fim de que questionamentos não sejam pedra de tropeço, mas degrau de crescimento.

> **Por isso, uma cultura de mansidão, humildade e sabedoria precisa ser cultivada nas comunidades a fim de que questionamentos não sejam pedra de tropeço, mas degrau de crescimento.**

E este é um dos propósitos deste livro: mostrar as riquezas da busca pelo saber, e como a missão da igreja ganha quando homens e mulheres começam a estudar a Palavra de Deus.

Voltando ao texto, o que Paulo quis dizer com a letra mata, mas o Espírito vivifica? Um princípio básico para se entender uma passagem bíblica é observar o contexto. Em linhas gerais, Paulo mostra em 2Coríntios 3 a superioridade do ministério do Espírito, que imprime a lei de Deus direto no coração do crente — ao contrário do ministério da velha aliança, no qual a lei fora escrita em tábuas de pedra. Apesar de a entrega da lei ter sido marcada por uma glória divina (cf. Êxodo 34), ainda assim, é inferior ao evangelho de Jesus Cristo, como disse um estudioso do Novo Testamento:

O ponto de Paulo é que mesmo essa gloriosa revelação de Deus não é nada se comparada com a glória que é revelada no evangelho, a mensagem sobre Jesus, através da qual o espírito de Deus trabalha poderosamente para trazer vida e libertação em vez de morte e condenação.[1]

Ou seja, "a letra mata" significa que a letra da lei (antiga religião) não consegue gerar transformação verdadeira nem vida. Já o Espírito (a nova aliança) vivifica aquele que crê e o capacita a guardar os mandamentos. Assim, utilizar 2Coríntios 2:6 como base para condenar o estudo teológico ou o estudo bíblico mais sistematizado não faz sentido.

Eu só concordo com a frase de que teologia esfria o crente se for pra dizer que ela apaga fogo estranho. Isso acontece quando o crente, ao estudar um pouco a Bíblia, começa a perceber crenças equivocadas em sua vida e, infelizmente, em sua igreja. É algo que tem acontecido muito nas últimas décadas, visto que o acesso a bom conteúdo está mais fácil. Graças a Deus, a internet está cheia de boas informações gratuitas. São vídeos, podcasts, ebooks, eventos teológicos — tudo na palma da mão.

Por isso, líderes que antes conseguiam levar uma comunidade na base de sermões rasos e sem fundamentação bíblica encontram, agora, certa resistência por parte de alguns membros, e usam como defesa o péssimo argumento: "Esse aí, depois que começou a estudar, *ficou frio*. Cuidado, a letra mata!". Como deu pra perceber, não foi o fogo que esfriou, mas a luz do conhecimento que mostrou um caminho mais fiel à Bíblia.

Contudo, muitas vezes o fogo do Espírito se apaga mesmo. Cansei de ver estudantes se tornando arrogantes por possuírem dois ou três argumentos teológicos, negando assim as tradições da igreja local simplesmente porque ela destoava daquilo que

---

[1] WRIGHT, N. T. *Paulo para todos*: 2Coríntios. Rio de Janeiro: Thomas Nelson Brasil, 2020. p. 46.

TEOLOGIA ESFRIA O CRENTE?

seu guru teológico ensinou. É muito triste quando estudantes de teologia entram em discussões apenas para vencer o debate, e não para edificar a igreja.

Mas não precisa ser assim. Essa adolescência teológica é comum. Esse estudante precisa é de mentoria, paciência e direção, e não de versículo fora de contexto. Por isso, escrevo este livro também com o intuito de incentivar e mentorear esses estudantes. Desejo despertar novos curiosos para o rico universo que é a teologia cristã e, também, despertar pastores e líderes para a importância do estudo doutrinário em seus ministérios e chamado.

Eu faço por você a mesma oração que Paulo fez pelos filipenses:

> Esta é a minha oração: Que o amor de vocês aumente cada vez mais em conhecimento e em toda a percepção, para discernirem o que é melhor, a fim de serem puros e irrepreensíveis até o dia de Cristo (Filipenses 1:9-10).

● CAPÍTULO 1

Tornando-se aluno do Mestre

O ministério de Jesus tem como ponto de partida os seus ensinamentos: "e ele começou a ensiná-los" (Mateus 5:2). Jesus iniciou sua missão ensinando às pessoas o caminho do reino de Deus. Ele não só demonstrava com poder a chegada desse reino, como também esclarecia os princípios que estabeleceriam esse reinado. Se lermos os Evangelhos com atenção, perceberemos que tanto os milagres como os grandes exorcismos que Jesus realizou eram, na verdade, acessórios para chamar a atenção aos seus ensinamentos. Os sinais foram importantes para provar que ele era o Messias, testificar que era o Salvador que Deus prometera no Antigo Testamento. Entretanto, a importância dos milagres não estava neles, mas no que apontavam! Esses fundamentos ensinados por Jesus se tornaram a base da pregação dos apóstolos e, consequentemente, a base da igreja nascente.

Jesus começa seu ministério ensinando e termina comissionando a igreja a ir por todo o mundo e fazer alunos — isso mesmo, alunos! Mateus 28:19 diz: "Portanto, vão e façam discípulos de todas as nações". "Discípulo" é outra palavra para "aluno". Somos comissionados a ir e fazer discípulos/alunos.

Em Atos 2:42 lemos: "Eles se dedicavam ao *ensino dos apóstolos* e à comunhão, ao partir do pão e às orações". Não restam dúvidas de que a igreja se consolidou como povo de Deus na medida em que compreendia os ensinamentos dos apóstolos. Ensinamentos pautados pelas Escrituras (no caso, aquilo que chamamos de Antigo Testamento) e pela pregação de Jesus Cristo.

TEOLOGIA ESFRIA O CRENTE?

Percebemos que a igreja de Jerusalém estava envolvida de coração com os ensinamentos bíblicos. Isso nos leva à reflexão:

> **Não tem como dizer que ama Jesus se não der atenção para aquilo que ele ensina por meio da sua igreja.**

Não tem como dizer que ama Jesus se não der atenção para aquilo que ele ensina por meio da sua igreja. Amar a Deus de todo o coração implica amá-lo também de toda a mente.

Precisamos amar a doutrina com a mesma intensidade que amamos a devoção. Ter uma fé que pensa e um pensamento que adora. Parafraseando Lutero, entendemos a vida cristã como um barco que tem dois remos, o remo da oração e o remo do estudo. Se navegarmos com um só destes remos, nos moveremos em círculos e não chegaremos a lugar algum.

Por isso, é preciso estudar e conhecer de coração os ensinamentos apostólicos. É preciso se dedicar em saber como a sabedoria divina foi passada de geração em geração, e como essa tradição forjou e forja o povo de Deus. Como Paulo escreveu a Timóteo:

> Quanto a você, porém, permaneça nas coisas que aprendeu e das quais tem convicção, pois você sabe de quem o aprendeu. Porque desde criança você conhece as Sagradas Letras, que são capazes de torná-lo sábio para a salvação mediante a fé em Cristo Jesus (2Timóteo 3:14-15).

A salvação que vem pela fé é uma junção da ação do Espírito Santo com a sabedoria que emana das Escrituras explicadas. Timóteo foi discipulado desde criança e todo o conhecimento que lhe foi transmitido ganhou sentido real no encontro com Cristo.

No trecho que se inicia em Atos 8:26, lemos a história do eunuco que estava lendo as Escrituras sem entender do que se tratava o texto. Foi preciso Filipe aparecer e lhe explicar o texto sagrado. A partir desse conjunto — Escritura, ensino e ação do Espírito —, houve conversão. Esse padrão é comum no Novo Testamento.

CRIANCINHAS EM CRISTO

A vida de um salvo em Cristo é marcada pelo desenvolvimento constante de sua salvação (Filipenses 2:12ss). Pelos exemplos utilizados pelos autores bíblicos, entendemos que existe um crescimento espiritual e uma maturidade que devemos alcançar com o passar do tempo.

Um dos exemplos é o do leite. Assim como um bebê anseia pelo leite materno, que lhe proporciona um desenvolvimento saudável, os cristãos devem desejar o leite espiritual. Pedro escreveu: "Como crianças recém-nascidas, desejem de coração o leite espiritual puro, para que por meio dele cresçam para a salvação" (1Pedro 2:2). Esse leite espiritual provavelmente se refere ao próprio Deus; Aquele que, por meio de sua Palavra, sustenta os crentes. A exegeta Karen Jobes disse:

> A ordem para desejar de coração o leite, segundo Pedro a entende, presume essa transformação ética [...]. Entre os dois imperativos de 1:22 e 2:2 encontra-se o fundamento dos dois: a palavra de Deus dá aos leitores de Pedro o novo nascimento para a realidade que durará para sempre.[1]

Ao falar do anseio pelo puro leite espiritual, Pedro não remete a uma condição infantil de seus leitores; antes, pretende enfatizar o desejo que devem ter pela presença de Deus. É diferente do apóstolo Paulo e do autor de Hebreus, cuja menção ao leite remete à imaturidade espiritual de seus destinatários.

---

[1] JOBES, Karen H. *1 Pedro*: Comentário exegético. São Paulo: Vida Nova, 2022. p. 142.

TEOLOGIA ESFRIA O CRENTE?

> Irmãos, quando estive com vocês, não pude lhes falar como a pessoas espirituais, mas como se pertencessem a este mundo ou fossem criancinhas em Cristo. Tive de alimentá-los com leite, e não com alimento sólido, pois não estavam aptos para recebê-lo. E ainda não estão (1Coríntios 3:1-2, NVT).

> Quanto a isso, temos muito que dizer, coisas difíceis de explicar, porque vocês se tornaram lentos para aprender. Embora a esta altura já devessem ser mestres, vocês precisam de alguém que lhes ensine novamente os princípios elementares da palavra de Deus. Estão precisando de leite, e não de alimento sólido! Quem se alimenta de leite ainda é criança, e não tem experiência no ensino da justiça. Mas o alimento sólido é para os adultos, os quais, pelo exercício constante, tornaram-se aptos para discernir tanto o bem quanto o mal (Hebreus 5:11-14).

Em Hebreus temos um alerta contra a preguiça espiritual. O termo grego *nōthroi*, traduzido como "lento", também significa "displicente, preguiçoso". O autor da carta está evidenciando que a falta de interesse, por parte dos seus leitores, por um conhecimento mais elevado de Jesus os leva à imaturidade espiritual, podendo acarretar em apostasia, como ele explana no capítulo 6.

O texto ainda evidencia o movimento de ensino mútuo que deve caracterizar a vida cristã. Os destinatários da carta deveriam estar ensinando a outros, mas ainda eram criancinhas que precisavam ser ensinadas nas questões básicas. Temos aqui o retrato de cristãos que não levaram a sério o esforço em aprender mais sobre a sua fé. Segundo um comentarista bíblico, esses leitores não são novos convertidos:

> Eles são uma igreja de segunda geração com uma herança profundamente madura e vitoriosa (10:32-34). Com toda a experiência que tinham, eles deveriam ser professores na igreja, mas a realidade é que eles "precisam de alguém que

lhes ensine tudo de novo, até mesmo as primeiras noções da palavra de Deus". Esse é um comentário incrivelmente triste, pois o "tudo de novo" significa que eles tiveram excelentes mentores espirituais no passado. Mas as verdades nunca se arraigaram e, por isso, regressaram à ignorância espiritual e doutrinária outra vez.[2]

São palavras duras, mas necessárias diante da preguiça que predominava na igreja. Não pode haver conformidade com cristãos que deveriam estar aptos para ensinar a outros o caminho da fé, mas que não possuem força espiritual para a tarefa, pois ainda estão no leitinho.

Um dos problemas dessa postura preguiçosa é o atraso que causa na missão da igreja. Quando os cristãos são maduros, se alimentam bem e constantemente, a igreja avança. Quem mantém uma disciplina constante de estudo da Palavra consegue distinguir entre o certo e o errado e, consequentemente, ensina os outros. Cria-se uma comunidade pedagógica de ensino mútuo.

> **Quem mantém uma disciplina constante de estudo da Palavra consegue distinguir entre o certo e o errado e, consequentemente, ensina os outros.**

No texto de 1Coríntios que mencionamos, Paulo deixa bem claro que seus leitores não podiam receber instrução mais elevada pois ainda pensavam como mundanos e não eram espirituais. Eles não compreendiam a natureza do evangelho, e a prova disso eram os muitos problemas e divisões que assolavam a igreja. Em suas cartas a essa comunidade, Paulo procura levar os irmãos e irmãs de Corinto para o caminho excelente e para uma vida no Espírito.

---

[2] OSBORNE, G. *Carta aos Hebreus*. Natal: Carisma, 2022. p. 141.

Somos chamados pelo próprio Cristo a cavar mais fundo em seus ensinamentos se quisermos ter uma fé bíblica e alcançar a maturidade espiritual. Na parábola dos dois fundamentos, relatada tanto em Mateus 7:24-27 como em Lucas 6:46-49, a ilustração é muito clara: quem constrói sua casa na rocha fica firme na vida de obediência e nos propósitos de Deus, permanecendo no caminho mesmo diante das dificuldades. Ter uma espiritualidade firmada na rocha é conhecer os ensinamentos de Jesus, visto que, tanto em Mateus como em Lucas, essa passagem conclui a coleção de sermões de Jesus que ensina a seus discípulos a ética do Reino.

Nessa metáfora da construção — algo que Jesus conhecia bem por ser carpinteiro —, ele chama a atenção para o alicerce, que é a parte mais importante e demorada de uma construção (hoje em dia, uma das mais caras). Se o alicerce não for bem feito, tudo desmorona. Isto é, a parte do processo que mais demora, que é mais custosa e que depois fica escondida, é a que sustenta tudo o que aparece.

A rocha/alicerce desse texto não é Jesus, mas seus ensinamentos. É maravilhoso entender isso! Conhecer e colocar em prática o que Jesus ensina é construir uma casa firmada na rocha.

Perceba que a pessoa prudente, que construiu sua casa sobre a rocha, ou seja, sobre os ensinamentos de Jesus, teve esse cuidado de cavar mais fundo, de ir além do básico. O outro sujeito da parábola não quis gastar esse esforço com os alicerces. Ah, e detalhe: ele seguiu no processo de construir a casa, achando que estava no caminho certo. Mas, como sabemos, sem fundação, a casa desmoronou. Por isso, fica o alerta de fugirmos de uma espiritualidade sem fundação, de uma fé inútil.

● CAPÍTULO 2

Ninguém explica Deus?

"Do crente ao ateu, ninguém explica Deus." O povo evangélico brasileiro, os participantes do BBB, o carro da pamonha, o porteiro, o jogador de futebol — durante um tempo muita gente cantou essa música que, mesmo sendo bonita, no fundo reforça um preconceito contra a teologia.[1]

Eu entendo que Deus não pode ser explicado em sua plenitude. Ele não cabe em nossa teologia, em nossa música ou num tubo de ensaio. Nem na Bíblia ele cabe. Ele é grande e transcendente, ele nos escapa. Contudo, nós temos uma Bíblia, e ela fala de Deus, ela explica uma fração de Deus! Deus se revelou e se deu a conhecer, logo, ele quer ser percebido. Então, sim, nós podemos explicar Deus de certa forma, visto que temos acesso à revelação que foi preservada em livros canônicos e, a partir dessa coleção de livros que é a Bíblia, podemos ler e interpretar a revelação manifestada tanto na natureza como no Filho de Deus. Nós podemos e devemos fazer isso, ele quis assim!

Não faz sentido Deus criar o ser humano à sua imagem e semelhança, ou seja, dar condições cognitivas para esse ser

---

[1] Nem quero falar do preconceito com a ciência, pois num momento a letra afirma: "O universo se formou no seu falar/ Teologia pra explicar/ Ou Big-Bang pra disfarçar". Infelizmente, a maioria dos crentes não sabe que essa teoria científica foi criada por um cristão. Aceitar a teoria do Big Bang não anula a teologia de Gênesis. Para saber mais sobre a correta relação entre fé e ciência, ouça os podcasts da ABC2 (Associação Brasileiras de Cristãos na Ciência) com o Bibotalk, disponível em https://bibotalk.com/categoria/podcast/btcast-abc2/. São mais de 50 episódios com as mais variadas temáticas dentro desse assunto.

TEOLOGIA ESFRIA O CRENTE?

perceber o mundo à sua volta se Deus não quisesse se revelar nem ser percebido. Como disse o teólogo Herman Bavinck:

> A revelação é uma mensagem livre e deliberada da parte de Deus, e dirigida aos seres humanos, cujo conteúdo é Ele mesmo. [...] A teologia é a ciência que deriva o conhecimento de Deus da sua revelação, que estuda e pensa sob a orientação do seu Espírito e então, tenta descrevê-lo a fim de servi-lo para a glória dele.[2]

Se não pudéssemos explicar Deus, não haveria nem a possibilidade de se fazer missões! Veja o que o teólogo Kevin Vanhoozer diz a respeito disso:

> O Grande Mandamento nos chama a amar a Deus fervorosamente, com nosso coração, mente e forças. Todavia, não podemos amar corretamente a Deus sem conhecê-lo, e não podemos conhecer a Deus corretamente sem compreender o que ele fez em Jesus Cristo. O discipulado depende de cristologia, e a cristologia remete à capacidade de conhecer a Jesus Cristo e de mostrar quem Ele é para nós.[3]

Não tem como fazer teologia nem estudar a Bíblia sem essa revelação, isto é, só temos conteúdo porque Deus criou e falou! Nós podemos explicar parte de quem Deus é e do que fez porque ele se revelou tanto na sua criação como, de forma mais especial, em seu Filho Jesus Cristo e em sua Palavra. Por isso, a teologia fala de duas revelações divinas:

- Revelação geral: Deus se revela na criação;
- Revelação específica ou especial: Deus se revela por meio de sua Palavra e em seu Filho encarnado.

---

[2] BAVINCK, Herman. *As maravilhas de Deus*: Instrução na religião cristã de acordo com a confissão reformada. São Paulo: Pilgrim Serviços e Aplicações; Rio de Janeiro: Thomas Nelson Brasil, 2021. p. 58-9.

[3] VANHOOZER, K. *Encenando o drama da doutrina*: Teologia a serviço da igreja. São Paulo: Vida Nova, 2016. p. 12.

Para entender bem esses dois conceitos, podemos pensar que Deus escreveu dois livros e deixou neles pistas a seu respeito. O primeiro livro foi sua criação: "Os céus declaram a glória de Deus; o firmamento proclama a obra das suas mãos. Um dia fala disso a outro dia; uma noite o revela a outra noite" (Salmos 19:1-2). E o segundo livro foi a manifestação do seu Filho, que é o ápice das escrituras judaicas e o início de uma nova aliança: "Aquele que é a Palavra tornou-se carne e viveu entre nós. Vimos a sua glória, glória como do Unigênito vindo do Pai, cheio de graça e de verdade" (João 1:14).

REVELAÇÃO GERAL

A revelação geral permite uma teologia natural, ou seja, uma teologia a partir da natureza e da criação, que de alguma forma desperta no ser humano o senso do sagrado e do divino. Paulo fala que aquilo que é demonstrado na criação é suficiente para condenar as pessoas que não dão glória a Deus (Romanos 1:20).

Certa vez, li que o ser humano foi programado para Deus. E isso faz muito sentido. Não é exagero afirmar que somos *homo religiosus*, religiosos por natureza, seres que anseiam pelo transcendente e acreditam na existência de divindades e em sua atuação entre os humanos. Como disse Bavinck:

> A Escritura não deixa qualquer dúvida sobre isso. Depois que Deus fez todas as coisas, ele criou o homem e o criou imediatamente segundo sua imagem e semelhança (Gênesis 1:26). O homem é a descendência de Deus (Atos 17:28). Ainda que, como o filho perdido da parábola, ele tenha fugido do lar de seu pai, mesmo assim, até em seu desvio mais distante, ele nutre uma memória da sua origem e destino. Em sua queda mais profunda, ele ainda retém alguns pequenos pedaços da imagem de Deus. Deus se revela fora

TEOLOGIA ESFRIA O CRENTE?

do homem. Ele se revela também dentro do homem. Ele não se deixa sem testemunho no coração e na consciência humanos.[4]

Ainda que se tenha alguns registros de pessoas irreligiosas na Antiguidade, foi somente na Europa moderna que o ateísmo se desenvolveu e ganhou mais adeptos.[5] Contudo, os movimentos religiosos não param de crescer. Em relação ao cristianismo, ainda que possamos falar em uma secularização da fé — ou seja, uma fé menos apegada a sistemas doutrinários e compromissos congregacionais —, as pessoas continuam religiosas, acreditando em Deus de sua própria maneira.

É por conta da revelação geral que há tantas religiões, afinal, as pistas estão espalhadas pela criação e no próprio ser humano. Criam-se religiões por conta desse anseio e desejo pelo transcendente, pelo divino. Obviamente, do ponto de vista bíblico, essas manifestações não representam a verdadeira religião, por isso, é preciso perceber as pistas deixadas por Deus por meio de sua revelação específica. Podemos exemplificar isso a partir de Atos 17, quando o apóstolo Paulo está no areópago e lá discursa sobre o deus desconhecido.

Nesse relato bíblico, Paulo está falando às mentes mais brilhantes de Atenas e apesar de discordar da religiosidade ateniense, ele os trata com respeito e fala a partir da revelação geral que possuem — afinal, eles adoravam muitos deuses — para lhes apresentar o verdadeiro Deus.

> Então Paulo levantou-se na reunião do Areópago e disse: "Atenienses! Vejo que em todos os aspectos vocês são muito religiosos, pois, andando pela cidade, observei cuidadosamente seus objetos de culto e encontrei até um altar com esta inscrição: AO DEUS DESCONHECIDO. Ora, o que

---

[4] BAVINCK. *As maravilhas de Deus*, p. 73.
[5] ELIADE, M. *O sagrado e o profano*. São Paulo: Martins Fontes, 1992. p. 97.

vocês adoram, apesar de não conhecerem, eu lhes anuncio (Atos 17:22-23).[6]

Paulo entendeu que parte daquela idolatria provinha de uma percepção equivocada acerca de Deus, por isso, se aproveita dessa brecha na cultura grega para apresentar o Deus das Escrituras. Ainda que aponte para Deus, a revelação geral não é suficiente para transmitir um conhecimento fiel sobre quem ele é, como frisou meu amigo e escritor Igor Miguel:

> Apesar de certa capacidade para se conhecer algo de Deus por meio da revelação geral, os efeitos cognitivos da queda e do pecado são grandes limitadores. A autorrevelação geral de Deus é uma graça universalmente disponível, mas, por causa da perda de conexão espiritual com sua origem (Deus), o ser humano se encontra limitado em sua capacidade de discernir adequadamente os dados apresentados pela revelação geral. Portanto, é necessário não apenas que Deus se dê a conhecer, mas que também forneça um meio especial para que a criatura caída possa conhecê-lo.[7]

É preciso uma revelação específica para percebermos corretamente quem é Deus e, assim, explicá-lo!

REVELAÇÃO ESPECÍFICA OU ESPECIAL

O autor da carta aos Hebreus começa assim: "Há muito tempo Deus falou muitas vezes e de várias maneiras aos nossos antepassados por meio dos profetas, mas nestes últimos dias falou-nos por meio do Filho"(1:1,2). Só temos acesso ao que Deus falou porque tudo que é vital para nossa vida e espiritualidade

---

[6] Para mais detalhes sobre esse altar desconhecido, consulte REINKE, André Daniel. *Os outros da Bíblia*: História, fé e cultura dos povos antigos e sua atuação no plano divino. Rio de Janeiro: Thomas Nelson Brasil, 2019.
[7] MIGUEL, Igor. *A escola do Messias*: Fundamentos bíblico-canônicos para a vida intelectual cristã. Rio de Janeiro: Thomas Nelson Brasil, 2021. p. 55.

foi registrado e preservado nas Escrituras. No Antigo Testamento, podemos ler as revelações de Deus e seu relacionamento com o povo da Aliança; no Novo Testamento, os discursos divinos são encarnados na pessoa de Jesus Cristo, e lá podemos ler sobre o novo povo que se forma a partir da obra consumada de Cristo.

Para nós, cristãos,

> toda a Escritura é inspirada por Deus e útil para o ensino, para a repreensão, para a correção e para a instrução na justiça, para que o homem de Deus seja apto e plenamente preparado para toda boa obra (2Timóteo 3:16-17).

Nossa forma de ver o mundo, de pensar e de viver é (ou deveria ser) pautada pelas Escrituras. Nelas encontramos a luz para nosso caminho (Salmos 119:105), de modo que tudo é iluminado pela Bíblia. Interpretamos tudo a partir da teologia da criação, da queda, da redenção e da instauração completa do reino de Deus com novos céus e nova terra.

A Bíblia é, para nós, a Palavra de Deus. Dessa forma, ela tem um caráter pessoal. Sua proposta é apresentar a pessoa do Criador e sua relação com a criação, uma relação baseada naquilo que Deus fala. Inclusive, o fato de Deus falar foi o grande distintivo para Israel perceber que Javé[8] era diferente dos deuses pagãos. Como o salmista afirmou:

> Os ídolos deles, de prata e ouro, são feitos por mãos humanas. *Têm boca, mas não podem falar*, olhos, mas não podem ver; têm ouvidos, mas não podem ouvir, nariz, mas não podem sentir cheiro; têm mãos, mas nada podem apalpar, pés, mas não podem andar; *e não emitem som algum com a garganta* (Salmos 115:4-7).

---

[8] Deus é chamado pelo nome Javé no Antigo Testamento. Alguns grafam "Yahweh", outros, "Jeová" (uma forma menos precisa), mas todos são referências a Deus, pai de Jesus Cristo. No Novo Testamento, o nome de Deus é "Pai", e agora ele não precisa ter um nome para ser distinguido das demais divindades.

Sobre isso, meu amigo Paulo Won escreveu:

> Portanto, um deus que não fala é uma fraude. Não se trata de uma simples afirmação dogmática. É a constatação mais elementar que Israel sempre teve em relação ao seu Deus. Em um antropomorfismo típico das revelações do divino nas narrativas bíblicas, Yahweh tem boca para falar e garganta para emitir som com a finalidade de se comunicar com seu povo, além de olhos para ver, ouvidos para ouvir, nariz para cheirar, mãos para apalpar e pés para andar, características que demonstram o ser pessoal de Yahweh. Decorrente disso, o próprio relacionamento de Deus com o seu povo é baseado na qualidade comunicativa divina, uma vez que, de acordo com Palmer: "Deus fala para estabelecer sua aliança".[9]

Enquanto Deus, na revelação geral, sussurra sua existência, na revelação específica ele proclama sua presença salvífica. Na leitura e no estudo das Escrituras, descobrimos nossa condição pecaminosa e o caminho da salvação. Nela temos a revelação de quem somos e de quem nos tornamos em Deus.

Na leitura e no estudo das Escrituras, descobrimos nossa condição pecaminosa e o caminho da salvação.

Esses conceitos teológicos só fazem sentido numa mente iluminada pelo Espírito Santo (2Coríntios 3:15-16). Só quem está em Cristo percebe a inspiração sagrada das Escrituras. Só os filhos reconhecem a voz do Pai. Sem esse vínculo de fé, a Bíblia é apenas uma coleção de livros importantes para a fé judaico-cristã ou um livro antigo que até contém alguns bons ensinamentos para a vida, mas não passa disso.

---

[9] WON, Paulo. *E Deus falou na língua dos homens*: Uma introdução à Bíblia. Rio de Janeiro: Thomas Nelson Brasil, 2020. p. 26.

● CAPÍTULO 3

Por uma fé que pensa

Como expliquei anteriormente, a fé é o elemento essencial para se captar e analisar a revelação de Deus. A fé permite que o estudo da teologia não vire ciência da religião, enquanto a razão (teologia) permite que a fé não vire crendice. Isto é, sem a crença na existência de Deus e uma relação com ele, a Bíblia não comunica nada além de informação, por isso, é necessária a fé no estudo das Escrituras, como bem disse o professor Israel Mazzacorati:

> **A fé permite que o estudo da teologia não vire ciência da religião, enquanto a razão (teologia) permite que a fé não vire crendice.**

> A nossa resposta de fé, que é nossa convicção doutrinária, é de que a Bíblia é palavra de Deus. Nela, percebemos o "sopro divino" — *theopneustos*: inspiração —, ou seja, reconhecemos que Deus está se dando a conhecer por meio dos seus feitos registrados na Bíblia. Não é um conhecimento como mera informação, mas um conhecimento para um relacionamento entre nós e ele. A Bíblia não quer simplesmente nos dizer coisas sobre Deus. Ela quer preparar um encontro. Deus se revela porque não quer que nós, seus filhos, permaneçamos no escuro em relação a quem ele é.[1]

---

[1] MAZZACORATI, Israel. "Lectio Divina: hermenêutica e espiritualidade". In: BIBO, Rodrigo (org.). *Doutrina e devoção*: O caminho da verdade na vida em comunidade. Rio de Janeiro: Thomas Nelson Brasil, 2022. p. 75-6.

Nesse texto, Mazzacorati também aponta para a necessidade de se aproximar da Bíblia com o uso da razão (que chamei de "teologia" na minha frase do primeiro parágrafo). Infelizmente, muitos religiosos possuem uma fé somente emocional, desprovida de firmeza doutrinária. Essa fé é mais comum do que imaginamos. Irmãos e irmãs não examinam suas crenças e simplesmente acreditam naquilo que lhes dizem e que lhes convém. Isso não é a fé cristã.

O QUE É A FÉ CRISTÃ?

Depois de falar da superioridade da obra de Cristo e de reforçar que o justo viverá pela fé e não retrocederá no caminho, o autor da carta aos Hebreus dá uma definição de fé:

> Ora, a fé é a certeza daquilo que esperamos e a prova das coisas que não vemos. Pois foi por meio dela que os antigos receberam bom testemunho (Hebreus 11:1-2).

Em seguida, e até o fim do capítulo, o autor dá exemplos históricos dessa fé: Noé, Abraão, Raabe e muitos outros. Assim, a partir da definição e dos vários dados, podemos entender fé como a confiança nas promessas e nos planos de Deus, e a vida de fidelidade que essa confiança produz.

> O que descreveu como resistência e perseverança até este ponto, o autor [de Hebreus] agora chama de fé. A fé é uma questão de olhar o que Deus prometeu e viver à luz dessa promessa, independentemente das dificuldades que ela apresenta. Ainda não vemos a promessa futura; tal é a natureza da esperança. A fé é a evidência de que nossas vidas demonstram que estamos ansiosos por essa promessa, que abraçamos e nos mobilizamos para essa esperança. Assim, a fé é a apropriação presente da esperança futura. Olhamos atentamente o futuro de Deus para nós e vivemos como

TEOLOGIA ESFRIA O CRENTE?

> aqueles que se esforçam para alcançá-lo, vivendo como se de alguma forma já o estivéssemos alcançando, apesar do que se passa ao nosso redor.[2]

A partir dessa definição, podemos entender a fé como confiança nas promessas e nos planos de Deus e a vida de fidelidade que essa confiança produz, conforme os vários exemplos que o autor aos Hebreus vai citar ao longo do capítulo onze.

Na Bíblia, as palavras "fé" e "crer/crença" apontam tanto para um aspecto cognitivo (o que se crê) como pessoal (em quem se crê). Desse modo, a fé cristã se direciona a um conteúdo concreto, bem específico, e que pode ser conhecido intelectualmente: Deus em sua revelação. Crer em Deus significa acreditar ou confiar nas informações/revelações que recebemos sobre ele via pregação, estudo da Palavra e devoção pessoal, e viver a partir disso.

Nossa fé é, então, composta desses dois aspectos, ou tons, como colocou o teólogo J. I. Packer. Temos o conteúdo que cremos e a confiança que depositamos no Deus vivo. Sendo assim, crer e confiar, razão e afeto, se entrelaçam na vida do crente.[3]

FÉ, FEZINHA E FÉ INÚTIL

Sem dúvidas, a fé não é um salto no escuro, um "vamo vê no que dá". As pessoas de fé retratadas na Bíblia creram em algo concreto. Elas creram em Deus. Talvez você argumente: "Mas, Bibo, Abraão, o pai da fé, deu um salto no escuro, pois obedeceu a uma voz que o mandou para uma terra que ele não conhecia". Sim, está certo, mas ele não se moveu somente pelo que achou que aconteceria. Ele também tinha uma palavra que estava sobre ele, uma promessa. A mesma coisa aconteceu com Noé, ao construir a arca, e com tantas outras pessoas.

---

[2] LAMP, J. *A carta ao Hebreus*. São Paulo: Reflexão, 2021. p. 140.
[3] PACKER, J. I. *A fé ativa*. São Paulo: Vida Nova, 2020. p. 18.

POR UMA FÉ QUE PENSA

Fé é a fidelidade que atribuo a uma palavra que foi dita sobre mim. No nosso caso, como cristãos, a palavra dita sobre nós é o conteúdo das Escrituras. Sendo assim, ter fé é se mover com base na Palavra de Deus.

Penso que está ficando claro que fé é algo bem específico na Bíblia. Não se trata de um desejo abstrato de que as coisas deem certo, como o apostador que diz: "Vou fazer uma fezinha". Fé não é contar com a sorte nem crer que Deus realizará meus desejos. Fé envolve vida e compromisso doutrinário.

Aliás, hoje em dia é muito comum o divórcio entre fé e vida, tipo, o que eu creio não tem nada a ver com a vida que levo. Tempos atrás, uma cantora sertaneja disse que sua fé não interferia na letra das músicas que canta. Isso não faz sentido na mentalidade bíblica, visto que a fé demanda ser leal, firme, aprovado e obediente. Ter fé não é acreditar que tudo o que eu quiser o cara lá de cima vai me dar — algo que eu apelidei de "teologia da Xuxa" —, mas possuir uma convicção que nos move em direção a Deus e ao próximo.

> **Ter fé não é acreditar que tudo o que eu quiser o cara lá de cima vai me dar — algo que eu apelidei de "teologia da Xuxa" —, mas possuir uma convicção que nos move em direção a Deus e ao próximo.**

Uma fé que não resulta em boas obras não é fé salvadora, mas uma fé inútil, como a dos demônios. Sim, os demônios creem em Deus. Tiago escreveu: "Você crê que existe um só Deus? Muito bem! Até mesmo os demônios creem — e tremem!" (Tiago 2:19). A partir desse segundo capítulo da carta do irmão de Jesus, fica claro para nós que a fé cristã vai além de uma crença nas doutrinas corretas. Não basta crer racionalmente que Deus existe e saber explicar a doutrina da Trindade, por exemplo. É preciso ter uma vida de boas obras que testificam essa crença. A fé dos demônios é inútil, pois não produz boas obras. Da mesma forma, "a fé sem as obras é inútil" (Tiago 2:20).

Ao olhar para Abraão, percebemos que sua fé e confiança em Deus moldaram toda a sua vida. Como disse o professor Chris Bruno:

> Sua fé era ativa, viva e resultou em ação obediente. Dessa forma, Tiago pôde concluir que nas décadas de [...] "longa obediência na mesma direção" a condição de justo de Abraão [...] foi cumprida ou confirmada. [...] A fé que justifica é uma fé que persiste, amadurece e atua em lealdade a Deus. A fé que salva nos dá uma condição que precisa ser "cumprida" por meio de boas obras.[4]

A fé bíblica, portanto, é acompanhada de obediência, crescimento espiritual e disposição para o serviço. Tudo isso resulta da confiança no Deus da aliança e do compromisso com seus mandamentos.

---

[4] BRUNO, C. *Paulo x Tiago*: Como conciliar suas aparentes diferenças no debate sobre fé e obras. São Paulo: Mundo Cristão, 2022. p. 85.

● CAPÍTULO 4

A construção dos fundamentos da nossa fé

Anteriormente, defendemos que a fé é uma confiança nas promessas de Deus e a vida de fidelidade que esse conhecimento produz. Nossa fé tem um conteúdo bem específico: Deus em sua revelação. Essa revelação leva pelo menos a quatro fontes que se tornam os fundamentos da fé cristã:

1. Bíblia;
2. Tradição;
3. Razão;
4. Experiência.

Na sequência, iremos examinar cada um desses fundamentos.

BÍBLIA

Como vimos, a Palavra de Deus é a base daquilo que cremos e fazemos. Por meio de seus ensinamentos e histórias, ela nos mostra o caráter de Deus e seus planos para a criação. Como afirmou um pensador: "As histórias do chamado de Abraão, do êxodo do Egito, do exílio na Babilônia e da vinda de Jesus Cristo são todas vistas como partes individuais da narrativa maior que revela a natureza e os propósitos de Deus".[1]

---

[1] McGRATH, Allster. *Teologia sistemática, histórica e filosófica*: Uma introdução à teologia cristã. São Paulo: Shedd, 2021. p. 198.

TEOLOGIA ESFRIA O CRENTE?

A Bíblia está na base do desenvolvimento do Ocidente. Ela provocou avanços científicos, médicos e tecnológicos. As universidades europeias e norte-americanas nasceram no contexto religioso. Educação, política e direitos humanos foram fortemente influenciados por princípios bíblicos.

> A visão que a Bíblia apresenta de Deus, do Universo e da humanidade estava presente em todas as principais línguas ocidentais e, portanto, no processo intelectual do homem ocidental [...]. Desde a invenção da imprensa, a Bíblia se tornou mais que a tradução de um livro antigo de literatura oriental. Ela não se parece com um livro estrangeiro, e tem sido a fonte mais confiável, disponível e familiar e árbitro dos ideais intelectuais, morais e espirituais do Ocidente.[2]

As evidências são muitas e testificam a importância da Bíblia no desenvolvimento da cultura ocidental. Mas sei que nem tudo são flores e que a Bíblia também já foi utilizada para promoção de desgraças. Interpretações equivocadas levaram milhares de pessoas à morte ao longo dos séculos. Ainda que haja uma mancha na história com herdeiros no presente, o legado positivo da Bíblia é infinitamente maior.

Sendo a Bíblia a mãe de todas as doutrinas e também de todas as heresias, precisamos da tradição para discernir umas das outras.

TRADIÇÃO

Muitos evangélicos rejeitam o conceito de tradição por acharem que isso é "coisa" da Igreja Católica Romana. Mas não é. Aqueles que rejeitam a ideia de tradição cristã acabam

---

[2] DAVIS, H. Grady, "History of the World" apud MANGALWADI, Vishal. *O livro que fez o seu mundo*: Como a Bíblia criou a alma da civilização ocidental. São Paulo: Vida, 2012. p. 19.

produzindo uma. E isso é comum em vários períodos na história da igreja, inclusive em nossos dias.

> O problema de rejeitar toda a história e a tradição da Igreja é que as reflexões de mentes menos capacitadas tendem a substituir a sabedoria dos gigantes espirituais e teológicos do passado. [...] Isso meramente substitui com novas tradições — as do líder denominacional e de seus seguidores — as antigas.[3]

Se você prestar atenção aos novos movimentos religiosos dentro do cristianismo, vai perceber que, à medida que se distanciam da tradição cristã, mais a Bíblia é lida e interpretada sem critérios, e mais se deixa de lado pontos essenciais do cristianismo.

Ao atentar para a tradição da igreja, percebo a ação de Deus ao longo da história e vejo como a igreja do passado lutou para guardar a fé. Devido à tradição, doutrinas bíblicas foram preservadas ao longo dos séculos e, por isso, posso crer com segurança. Como disse um pensador: "A tradição é, portanto, aquilo que garante a fidelidade aos ensinamentos apostólicos originais, uma proteção contra as inovações e as distorções [...] em relação aos textos bíblicos".[4]

Ao atentar para a tradição da igreja, percebo a ação de Deus ao longo da história e vejo como a igreja do passado lutou para guardar a fé.

Perceba que, ao mesmo tempo que os cristãos protestantes não têm um papa dizendo como devem interpretar as Escrituras, elas também não ficam livres para serem interpretadas a

---

[3] SAWYER, M. J. *Uma introdução à teologia:* Das questões preliminares, da vocação e do labor teológico. São Paulo: Vida, 2009. p. 135.
[4] McGRATH. *Teologia sistemática, histórica e filosófica,* p. 213.

TEOLOGIA ESFRIA O CRENTE?

bel-prazer do leitor. Antes, há toda uma comunidade de leitores, tanto do presente como do passado, que nos ajuda a chegar mais perto do que, de fato, a Bíblia quer nos ensinar.

Por isso, a expressão "Deus me revelou na Palavra", tão usada por alguns pregadores e pregadoras, é perigosa, pois o indivíduo se coloca como receptor especial de uma interpretação que destoa de toda história de leitura daquele texto, além de que ninguém, em dois mil anos de pregações, ensinou aquilo. Uma análise mais cuidadosa expõe o erro.

Infelizmente, muitos irmãos e irmãs piedosos ensinam doutrinas esquisitas e levam o povo para caminhos estranhos. Geralmente são pregadores que desprezam o estudo e acreditam em revelações individuais especiais. O resultado se percebe nas milhares de manifestações religiosas ditas cristãs, mas que, no fundo, pouco refletem o que a igreja tem ensinado ao longo dos séculos.

A reforma protestante do século 16 foi um movimento muito importante para a igreja. Martinho Lutero questionou séculos de tradições teológicas da Igreja Católica Romana. Num debate, ele disse:

> A menos que eu seja convencido pelas Escrituras e pela razão pura e já que não aceito a autoridade do papa e dos concílios, pois eles se contradizem mutuamente, minha consciência é cativa da Palavra de Deus. Eu não posso e não vou me retratar de nada, pois não é seguro nem certo ir contra a consciência. Deus me ajude. Amém.[5]

Lutero obviamente não rejeitou todos os concílios nem toda a tradição cristã. O reformador reconhecia a importância dos quatro primeiros concílios e a contribuição de vários teólogos do passado, principalmente Agostinho de Hipona. A crítica do

---

[5] Dieta de Worms, em 1521.

reformador era ao tradicionalismo de sua época, segundo o qual o papa e a igreja estavam acima das Escrituras. Os reformadores do século 16 romperam com séculos de tradição católica romana, e voltaram às Escrituras sem, entretanto, abrirem mão de certas tradições e de teólogos do passado.[6]

Isso abre espaço para dizer que tradições não são canônicas, podendo ser questionadas à luz da história e da interpretação bíblica. Como exemplo, temos o pastorado feminino, que foi rejeitado por séculos e apenas nas últimas décadas uma sólida exegese quebrou os argumentos tradicionais.[7]

RAZÃO

Você chegou até este ponto do livro fazendo uso da razão. Nossa mente é presente divino para captar a revelação divina e sustentar a fé. Sem dúvidas, dois dos grandes aspectos de sermos imagem e semelhança de Deus são desenvolver e usar a razão. Por meio da consciência, temos noção de existência e finitude, discernimento entre verdade e mentira, entre outras faculdades.

Paulo fala aos Efésios: "Deixem que o Espírito renove seus pensamentos e atitudes" (Efésios 4:23, NVT). John Stott entende que "há três maneiras de como devemos usar a nossa mente. Primeiro, o uso responsável da nossa mente glorifica o nosso criador. Segundo, o uso responsável de nossa mente enriquece a nossa vida cristã. Em terceiro, o uso responsável de nossa mente fortalece o nosso testemunho evangelístico".[8]

Por um lado, se o uso responsável de nossa mente glorifica a Deus e enriquece e fortalece nosso testemunho no mundo, por outro, deixar de usá-la é um culto à estupidez, bem como um

---

[6] Um ótimo livro sobre a Reforma Protestante é o *História da reforma*, de Carter Lindberg (Rio de Janeiro: Thomas Nelson Brasil, 2017).
[7] Para saber mais, confira BARACY, Vik Zalewski. *Mulher pode ser pastora?* Coleção Teologia para todos. Rio de Janeiro: Thomas Nelson Brasil, 2023.
[8] STOTT, John. *Crer é também pensar*. São Paulo: ABU, 1997. p. 133.

movimento de anti-intelectualismo e até mesmo de preguiça intelectual, que muitas vezes marcam o movimento evangélico brasileiro.

Não faz sentido o cristão achar que precisa abandonar a razão para ter uma espiritualidade mística e acreditar na ação sobrenatural de Deus no meio do seu povo. John Wesley foi um grande avivalista, e ele disse: "É um princípio fundamental entre nós que renunciar à razão é o mesmo que renunciar à religião, que a religião e a razão andam de mãos dadas e que toda religião irracional é falsa religião".[9] O professor de teologia James Sawyer completa:

> A razão é essencial no serviço espiritual, tanto para lançar os fundamentos da verdadeira religião, sob a direção do Espírito de Deus, como para erguer uma superestrutura. É a "lâmpada do SENHOR", concedida para ajudar no entendimento da revelação e para pô-lo em prática.[10]

EXPERIÊNCIA

Quando discutimos a experiência, ficam bem claros os extremos e as divisões: de um lado, movimentos que valorizam a experiência; do outro, os que valorizam a razão. Ao longo dos séculos, separamos aquilo que, na Bíblia, sempre caminhou junto.

No cristianismo, a experiência religiosa da iluminação do Espírito marca o lugar da experiência na construção da fé. John Wesley afirmou que a "mensagem da Escritura tem de ser recebida no coração por meio de uma fé viva que vivencia Deus como presente".[11]

Paulo escreveu: "O próprio Espírito testemunha ao nosso espírito que somos filhos de Deus" (Romanos 8:16), isto é,

---

[9] Apud SAWYER. *Uma introdução à teologia*, p. 124.
[10] SAWYER. *Uma introdução à teologia*, p. 124.
[11] McGRATH. *Teologia sistemática, histórica e filosófica*, p. 225.

existe uma confirmação interior da nossa fé que nenhum conhecimento racional pode dar, mas somente o testemunho interno do Espírito Santo, visto que, por meio dele, "clamamos: Aba, Pai" (v. 15).

Como já dissemos, a razão é importante e, sem ela, a fé não faria sentido. A apologética — o trabalho de apresentar a fé com bons argumentos — é fundamental na tarefa evangelística da igreja, contudo, não é suficiente. Mesmo que a pessoa seja convencida por um argumento racional, sua conversão ao cristianismo precisa passar por uma experiência interna, ou experiência emocional, se quiser chamar assim. Ser visitado pelo Espírito é algo que sentimos em nosso ser, e isso vem da presença dele em nós, e não de argumentos. Gutierres Siqueira, escritor e amigo querido, expôs isso muito bem:

> A ortodoxia [doutrina correta] não se mantém apenas com ótimos tratados apologéticos [defesa da fé], mas também pela efusão do Espírito envolvendo o homem na sua inteireza. O racionalista radicalizado não é quebrado com mais argumentos, mas com o quebrantamento do coração vindo do Santo Espírito.[12]

A separação entre razão e experiência/emoção, doutrina e devoção, fé e obras é um problema que criamos, pois, na Bíblia, isso tudo faz parte do ser povo de Deus. Na escola de Jesus, essas disciplinas estão todas integradas.

---

[12] SIQUEIRA, G.; TERRA, K. *Autoridade bíblica e experiência no Espírito*: A contribuição da hermenêutica pentecostal-carismática. Rio de Janeiro: Thomas Nelson Brasil, 2020. p. 145.

● CAPÍTULO 5

Quem precisa de teologia?

A única resposta possível à pergunta do título é: todos precisam! Todos que dizem acreditar em Jesus Cristo. Uma pergunta melhor é: Que tipo de teólogo eu sou? Que tipo de teólogos nós somos? Bons, que querem cavar mais fundo; ou ruins, que seguem no básico sem alicerces?

Nas palavras de James Sawyer:

> Toda vez que pensamos em Deus, envolvemo-nos com teologia. A pergunta, portanto, não é se seremos teólogos — não temos escolha quanto a isso. Pelo contrário, a questão é que tipo de teólogo seremos — bons ou maus, responsáveis ou irresponsáveis.[1]

Assim, se não temos escolha — uma vez cristãos, somos também teólogos —, devemos entender essa vocação e glorificar a Deus com ela.

> A teologia é simplesmente a igreja levando muito a sério o problema da sua própria existência e averiguando detidamente em que ponto está deixando de ser a igreja de Deus.[2]

Palavra dura essa, mas ela reflete uma verdade incontestável: sem teologia, perderemos nossa identidade como povo de

---

[1] SAWYER. *Uma introdução à teologia*, p. 17.
[2] ROLDÁN, A. F. *Para que serve a teologia?*: Método – história – pós-modernidade. Londrina: Descoberta, 2000. p. 24.

40

Deus. Portanto, teologia não é função de alguns especialistas na congregação, mas dever de todo fiel. Obviamente, alguns nessa comunidade são chamados a serem mestres (Efésios 4:11-12), a se aprofundarem nas Escrituras e em seu desenvolvimento histórico; contudo, mesmo esses devem servir a todos, pois a teologia é comunitária. O fato de termos mestres não nos isenta de termos nosso próprio conhecimento bíblico-teológico, a fim de respondermos com sabedoria a razão da nossa fé (1Pedro 3:15).

O que acontece, na minha opinião, é que existe uma deficiência real em muitos líderes e ministérios, com púlpitos fracos e pouco incentivo ao estudo sério das Escrituras. Quando alguém desse meio começa a estudar a Bíblia, logo percebe os desvios doutrinários, e tudo vai depender da postura do estudante diante da sua igreja.

Vou dar um exemplo real. Quando fui ordenado ao ministério pastoral, derramaram óleo sobre minha cabeça. Essa prática é comum nas igrejas evangélicas, no entanto, não tem base bíblica. No Novo Testamento, somente a imposição de mãos marcava o envio do indivíduo ao ministério. Antes que alguém cite os exemplos do Antigo Testamento, advirto: não somos profetas, reis nem sacerdotes como eles. Essas práticas cerimoniais não nos dizem respeito.

Eu estava, portanto, diante de um equívoco teológico, e com amor fui falar com o pastor sobre essa prática. Dialoguei, apresentei os fatos e pronto. Não cobrei mudança nem saí por aí falando mal da minha igreja. Inclusive, estava preparado caso não mudassem nada, mesmo depois do meu alerta.[3]

Outro ponto fundamental que devemos considerar é que a nossa crença determina nosso comportamento, ou seja, má teologia gera mau testemunho. Temos muitos exemplos disso na história do cristianismo. Basta olhar para parte da igreja medieval, que, por estar firmada numa teologia equivocada, cometeu muitas

---

[3] Não sei como esse ponto ficou na comunidade, pois tanto o pastor como eu saímos dessa igreja.

TEOLOGIA ESFRIA O CRENTE?

barbaridades, como as inquisições e as cobranças de indulgências.[4] Atualmente, vemos igrejas defendendo a teologia da prosperidade e outros desvios bíblicos. A cura para esse mal é a teologia bíblica, estudada com seriedade! Como alertou um teólogo:

> Que ninguém creia que erro doutrinário seja um mal de pouca importância [...] nenhum caminho para a perdição jamais se encheu de tanta gente como a falsa doutrina. O erro é uma capa da consciência, e uma venda para os olhos.[5]

Não basta amar a Jesus e ser grato pelo sacrifício dele. Isso é fundamental, é verdade, mas não é tudo para a missão da igreja no mundo. Por isso, enfatizo a necessidade de cada cristão ser um bom teólogo. A teologia não deve ser encarada como a obrigação de assimilar conteúdos, mas como um ato de adoração e serviço.

A teologia não deve ser encarada como a obrigação de assimilar conteúdos, mas como um ato de adoração e serviço.

Com certeza, a maturidade espiritual é composta de várias etapas. Não temos dúvidas de que o conhecimento teológico é uma delas. Jesus resume a lei no mandamento de amar o Senhor "de todo o seu coração, de toda a sua alma e de todo o seu entendimento" (Mateus 22:37). Esse mandamento não pode ser cumprido sem teologia, pois o estudo comprometido das Escrituras nos coloca de joelhos diante de Deus.

A teologia apaga o fogo de palha! Quem estuda teologia de forma verdadeira passa por mudanças profundas no seu interior e cresce em entendimento. Paulo incentivou seus leitores a

---

[4] Para saber mais sobre a inquisição, sugiro o episódio "A inquisição — BTCast 396" do Bibotalk; sobre as indulgências, sugiro os episódios "BTCast 016 — Lutero e sua teologia" e "BTCast 173 — História da Reforma Protestante".
[5] HODGE, D. C. apud PEARLMAN, Myer. *Conhecendo as doutrinas da Bíblia*. São Paulo: Vida, 1970. p. 14.

amadurecerem na fé e a deixarem as coisas de crianças. O que alguns chamam de virar um crente frio é, na verdade, deixar coisas imaturas de lado.

A igreja é cheia de obreiros e obreiras dotados dos mais variados dons com o fim de edificar o corpo de Cristo. Percebam como conhecimento e ensinamento se entrelaçam com fé e maturidade nesta passagem. Não existe caminhada de fé cristã sem os ensinamentos de Cristo.

> Até que todos alcancemos a unidade da fé e do conhecimento do Filho de Deus, e cheguemos à maturidade, atingindo a medida da plenitude de Cristo. O propósito é que não sejamos mais como crianças, levados de um lado para outro pelas ondas, nem jogados para cá e para lá por todo vento de doutrina e pela astúcia e esperteza de homens que induzem ao erro. Antes, seguindo a verdade em amor, cresçamos em tudo naquele que é a cabeça, Cristo (Efésios 4:13-15).

Pessoas de todos os níveis de escolaridade — quer iletradas, quer doutoras — são chamadas a ouvir com atenção a pregação do evangelho. Uma boa exposição do texto bíblico terá conteúdo para ser assimilado por qualquer um. A igreja prega e vive uma mensagem.

Aliás, por falar em gente sem estudo, vamos ser honestos. Muita gente se ampara no irmão e na irmã sem estudo para dizer que a vida cristã é simples, e que todo esse aprofundamento é perfumaria. "Veja o irmão Fulaninho", dizem, "homem de fé e oração e só tem até a 4ª série". Poxa, glória a Deus pelos Fulaninhos e pelas Fulaninhas que há em nossas igrejas, mas não devemos usá-los como parâmetro de conhecimento bíblico se temos condições de ir além.

Por isso, insisto que todo cristão deve estudar teologia e toda igreja deve promover um ambiente de aprendizado. Sem isso, padecemos por falta de conhecimento.

Mas o que é, afinal de contas, a teologia?

● CAPÍTULO 6

A arte de viver para Deus

Antes de apresentar conceitos, gostaria de salientar que a teologia cristã é, como disse Williams Ames, puritano inglês do século 17, "a doutrina ou ensino do viver para Deus", isto é, caminhada cristã. Teologia é prática, é conteúdo que desemboca no dia a dia. Talvez você pense: "Mas conheci uns metidos a teólogos que só falavam palavras difíceis e criticavam tudo, não se pareciam muito com essa definição acima". De fato, eles existem, assim como existem péssimos profissionais em qualquer área, e nem por isso consideramos toda a área como ruim, certo? Eu conheço muitos cristãos piedosos, cheios de amor por Cristo, que também são teólogos e que transpiram conhecimento e humildade.

Isso posto, vamos a algumas definições, pois elas são importantes.

A palavra "teologia" é a junção de duas palavras gregas: *theos* (Deus) e *logos* (discurso); portanto, refere-se ao discurso sobre Deus, ou ao discurso de Deus sobre si mesmo; neste caso, trata-se da revelação. O termo foi empregado pela primeira vez por Platão na crítica ao pensamento popular sobre as divindades. É com outro filósofo grego, Aristóteles, que a palavra "teologia" ganha uma conotação mais profunda e passa a significar o ato filosófico de pensar sobre o ser divino.[1]

O Novo Testamento não utiliza em nenhum momento o termo "teologia" e seus derivados para nomear a reflexão sobre Deus e sua relação com a criação. Contudo:

---

[1] RITO, Frei H. *Introdução à teologia*. Petrópolis: Vozes, 1998. p. 28.

A ARTE DE VIVER PARA DEUS

Sem conhecer o termo, a primeira epístola de S. Pedro exorta o cristão, sobretudo aquele que vai aparecer diante do tribunal, que saiba justificar a sua fé (1Pedro 3:15). Essa tarefa implica certo nível de reflexão teórica sobre a própria fé, próprio da teologia. [...] Jesus pergunta aos discípulos: "E vós que dizeis que eu sou?" (Mateus 16:13). No fundo, a comunidade se faz a pergunta teológica sobre Jesus Cristo.[2]

Os pais apostólicos, ou seja, líderes cristãos posteriores aos apóstolos, também não fizeram uso do termo; chamavam a reflexão sobre Deus de "verdadeira filosofia". Em outras palavras, tanto o Novo Testamento como os primeiros cristãos pensavam sobre Deus e sua obra, apesar disso, denominavam essa reflexão de outra maneira. Faziam teologia, mas com outro nome.

Durante o período chamado *patrística* — nome relacionado aos pais da igreja —, o termo "teologia" foi usado para se referir a alguns aspectos da crença cristã. Eusébio de Cesareia (c. 263-339) falou sobre o "entendimento cristão sobre Deus". Nesse tempo, a teologia estava muito ligada à pessoa de Deus Pai.

Embora inicialmente o termo "teologia" significasse a "doutrina de Deus" o termo adquiriu sutilmente um novo sentido, nos séculos XII e XIII, à medida que as Universidades de Paris e Oxford começaram a se desenvolver. Era necessário encontrar uma designação para o estudo sistemático, de nível universitário, voltado à fé cristã. A palavra latina *theologia*, sob a influência de escritores parisienses como Pedro Abelardo (1079-1142) e Gilberto de Poitiers (1070-1154), passou a significar "a disciplina da ciência sagrada" que abrangia a totalidade da doutrina cristã, e não apenas a doutrina de Deus.[3]

---

[2] LIBANIO, J. B.; MURAD, A. *Introdução à teologia*: Perfil, enfoques, tarefas. 7. ed. São Paulo: Loyola, 2010. p. 64.

[3] McGRATH. *Teologia sistemática, histórica e filosófica*, p. 158.

TEOLOGIA ESFRIA O CRENTE?

TEOLOGIA COMO CIÊNCIA

Sim, você leu certo, a teologia é uma ciência. Apesar de apresentar as características necessárias para ser considerada uma ciência dentro do campo de Humanas, a teologia possui um diferencial. Um de seus tópicos de estudos é o próprio Deus, e nisso está a beleza e o limite da teologia, visto que Deus está para além de toda e qualquer verificação investigativa. Porém, ele criou a história, se revelou e continua atuando nela, e é sobre esse campo que a teologia cristã se debruça. Ela reconhece que não consegue aplicar métodos científicos a Deus, e que, no fundo, não consegue provar a existência de Deus — ainda que tenha ótimos argumentos lógicos para isso. Mas isso não a desqualifica como ciência, visto que o conhecimento científico segue alguns critérios:

- Possuir um objeto definido de estudo;
- Possuir um método para investigar o objeto em questão e verificar suas declarações;
- Proporcionar objetividade e acessibilidade, isto é, outros podem pesquisar o mesmo objeto;
- Prezar por coerência e conexão nas proposições que formam um corpo definido de conhecimento.

O estudo teológico preenche esses requisitos:

- Ele aceita e aplica as mesmas regras lógica que outras disciplinas;
- Ele é comunicável;
- Até certo ponto, ele emprega os mesmos métodos de outras ciências humanas, como filosofia, história, antropologia e sociologia;
- Ele partilha alguns objetos de estudo com outras disciplinas; assim, existe a possibilidade de algumas de suas proposições serem confirmadas ou refutadas por outras disciplinas.[4]

---

[4] Esses pontos foram adaptados de ERICKSON, M. J. *Introdução à teologia sistemática*. São Paulo: Vida Nova, 1997. p. 18.

TEOLOGIA COMO CAMINHO

A teologia quer nos ensinar a viver para Deus e ter uma vida que honre ao Senhor Jesus, colocando-nos de joelhos perante o Criador, como definiu o professor Ziel Machado em suas aulas: "A boa teologia é aquela que nos coloca de joelhos". Ou nas palavras do teólogo Kevin Vanhoozer:

> A teologia é a arte e a ciência de viver bem para Deus. Em termos mais explícitos: a teologia é a tentativa séria e prazerosa de viver de modo abençoado com outros, perante Deus, em Cristo, por meio do Espírito.[5]

Teologia é uma verdade que se faz no caminho, ao longo da vida. Jesus é esse caminho, é essa verdade e é essa vida. Sendo assim, mais do que lidar com conteúdo teórico, a teologia lida com a verdade, isto é, com Jesus Cristo. Desse modo, não estudamos a verdade, e sim andamos nela.

Em Gálatas 2:11-21, Paulo menciona o encontro que teve com Pedro em Antioquia. Naquela ocasião, ele repreendeu publicamente Pedro por conta da hipocrisia deste e de outros judeus. Paulo percebeu que seus irmãos "não estavam andando de acordo com a verdade do evangelho" (v. 14). Sobre isso, o teólogo Enio Mueller escreveu:

> Significativo para o esclarecimento desta metáfora neste texto é o verbo usado por Paulo: *orthopodéo*, que significa literalmente "andar retamente". Isto tem implicações teológicas de grande relevância para os nossos dias. Em termos clássicos, a teologia tem definido sua verdade como "ortodoxia". Na América Latina em anos recentes se falou, em

---

[5] VANHOOZER. *Encenando o drama da doutrina*, p. 12.

contraste com isso, em "ortopraxia" como critério de verdade; quer dizer, não o que se pensa é a verdade, mas o que se faz. Tanto uma como a outra têm, direta ou indiretamente, apoio na Bíblia. Paulo introduz aqui uma terceira opção: "ortopodia". Não tanto o que se pensa, nem mesmo o que se faz, mas o jeito que se anda é que define a verdade.[6]

Mueller ainda nos lembra de como o evangelho e os primeiros cristãos foram chamados: "Caminho" e "aqueles do caminho", respectivamente (Atos 9:2; 19:9). Isso reforça a ideia de que a jornada cristã não pode ser reduzida à moralidade ou a catecismos, pois é, antes, uma relação com Cristo e sua comunidade.

TEOLOGIA COMO TESTEMUNHO

Nossa crença determina nosso testemunho. Nós agimos segundo acreditamos. As informações que recebemos e acolhemos em nosso interior influenciam nossas atitudes e posições. Vamos exemplificar. O brasileiro, de forma geral, nunca foi antivacina, contudo, quando começaram a surgir as primeiras vacinas contra a Covid-19, todas elas testadas e aprovadas pela Anvisa, mesmo órgão que aprovou as vacinas rotineiras do nosso calendário de vacinação, houve uma difusão de crenças "antivax" no país — promovida por pessoas que exercem influência e autoridade na nação — que influenciaram muitos brasileiros.

> **Nossa crença determina nosso testemunho.**

De certa forma, o mesmo acontece com a teologia da prosperidade ou da batalha espiritual, que se espalham na igreja por meio de púlpitos, livros, influencers e pregadores, influenciando e comprometendo o testemunho público do cristão.

Consideremos o exemplo da teologia da prosperidade: uma teologia que reduz Deus a um gênio da lâmpada ou apenas a um

---

[6] MUELLER, E. R. *Teologia cristã em poucas palavras*. São Leopoldo: EST/Teológica, 2005. p. 15.

abençoador. Como o nome já sugere, é uma teologia focada na vida financeira próspera e na libertação de todo mal. Funciona mais ou menos assim: você oferta na igreja e a bênção chega até sua casa.

De que maneira essa teologia afeta o testemunho? Ela altera a mensagem do evangelho. Se você conversar com um membro de uma igreja adepta da teologia da prosperidade, vai perceber que a conversa dele, resultado de sua visão teológica, é marcada pela ideia de um Deus galardoador, que retribui em dinheiro. Como consequência, irmãos e irmãs que vivem sob essa influência teológica pregam um evangelho distorcido, pois repartem aquilo que recebem.

Essas teologias lidam com temas bíblicos, porém extrapolam o que a Bíblia ensina sobre o assunto, e nisso reside o seu mal. É claro que Deus abençoa seu povo com riquezas e abre portas de emprego. Eu poderia contar vários testemunhos dessa ordem. No entanto, se essa nuance se torna o centro da pregação e da vida comunitária da igreja, ela gera um testemunho equivocado do cristianismo, o que é um erro.

A teologia da batalha espiritual vai pela mesma linha. É claro que existe uma luta espiritual contra principados e potestades, existe um tentador, e o próprio Jesus lutou contra demônios. No entanto, muitos adeptos da teologia da batalha espiritual enxergam demônio onde não tem. Certa vez, li um formulário distribuído por uma precursora da batalha espiritual no Brasil. Era uma espécie de anamnese espiritual para identificar portas de entrada dos demônios na vida do entrevistado. Conforme essa pregadora, quem já comeu guloseimas de festa junina abriu brecha pro inimigo em sua vida, e quem teve alguma espécie de sonho erótico fez sexo com demônios. Absurdo!

Essas crenças levam as pessoas a terem uma visão distorcida de Deus, da Bíblia e da realidade. Isso, por sua vez, afeta a maneira como elas vivem e testemunham. Por esses motivos, precisamos estudar constantemente a Palavra de Deus e a boa teologia, que existem para servir e guiar a igreja de Jesus na verdade.

● CAPÍTULO 7

Teologia a serviço da igreja

Alguém disse: "Todas as atividades da igreja devem se fazer essa pergunta: 'Como isso reflete o evangelho de Jesus Cristo?' Ao responder a essa pergunta, a igreja encontra seu eixo".[1] A igreja deve ser uma representação daquilo que aprende com as Escrituras, e seu objetivo final é anunciar o evangelho puro e simples de Jesus. Dessa forma, as atividades da igreja precisam ser permeadas por essa consciência teológica.

Vejo isso nas instruções de Paulo a Tito. O capítulo 2 da carta fala sobre o compromisso pedagógico que os membros da igreja devem ter uns com os outros:

> Ensine os homens mais velhos a serem moderados [...]. Semelhantemente, ensine as mulheres mais velhas [...] a serem capazes de ensinar o que é bom. Assim, poderão orientar as mulheres mais jovens [...]. Da mesma maneira, encoraje os jovens a serem prudentes. Em tudo seja você mesmo um exemplo para eles, fazendo boas obras [...]. Ensine os escravos a se submeterem em tudo a seus senhores (Tito 2: 2-4,6,7,9).

Somos uma comunidade de gente que se ajuda e se instrui! Essa instrução não se dá apenas no púlpito, mas passa também pelas canções e pela missão da igreja.

---

[1] Não me recordo onde li isso. Anotei num slide para ministrar uma aula e, na pressa, deixei passar a referência. Se você souber, pode me mandar no e-mail contato@bibotalk.com.

TEOLOGIA A SERVIÇO DA IGREJA

TEOLOGIA E LOUVOR

Penso que o cancioneiro evangélico nunca esteve tão pobre. Muitas canções são criadas para entreter e afagar o ego do público. Uma análise do que se canta hoje revela distorções e erros teológicos. É um problemão, pois, muitas vezes, o primeiro professor teológico da comunidade são as canções ministradas no momento de louvor e adoração.

É imprescindível que ministros de louvor e compositores sejam teologicamente saudáveis. Penso que todas as equipes de louvor, de quem canta a quem dirige as ministrações, devem ter uma preocupação doutrinária, visto que a música possui o poder fantástico de levar as palavras a lugares em que um sermão jamais chegaria. Muitas vezes, a pessoa não se lembra da pregação, mas se lembra da música que falou com ela.

Aí mora o perigo, se a melodia que toca o coração estiver ensinando algo errado. Eu mesmo já chorei muito em retiro cantando coisa errada. (Ao escrever isso, eu ri de nervoso. Como tem música ruim, mas ótima em nos fazer chorar!)

Dessa forma, não pode haver em nosso repertório de louvor apenas músicas que falem dos nossos problemas, anseios, desejo de vitórias e bênçãos, ou aquelas que repetem por meia hora: "Jesus, eu te amo". Tanto o movimento *worship* como as músicas congregacionais dos movimentos pentecostais e carismáticos têm problemas. Isso, é claro, é uma generalização, mas frequentemente tenho visto que a maioria das músicas que faz sucesso possui complicações teológicas.

A hinologia serve à teologia. Quem compõe e quem canta precisam se preocupar com a qualidade teológica do que está sendo cantado. É preciso diversificar o repertório dos momentos de louvor na igreja, pois deve ser um objetivo nosso cantar a Palavra toda. Geralmente a graça, a cruz e o amor de Deus são cantados, e é maravilhoso, ainda assim,

Deve ser um objetivo nosso cantar a Palavra toda.

TEOLOGIA ESFRIA O CRENTE?

temas como perdão, senso de comunidade, missão, entre outros, não parecem ser tão presentes. Portanto, vamos ampliar nosso repertório, criando novas canções e recorrendo aos velhos hinos![2] Tudo em busca de um cancioneiro teologicamente saudável.

TEOLOGIA E MISSÃO

Se a tarefa primordial da igreja é anunciar o evangelho, é óbvio que esse anúncio precisa ser bem fundamentado. Quando a teologia bíblica é bem apresentada numa comunidade, desperta-se nos membros um senso de missão e urgência missionária.

Acho muito legal que agências missionárias tenham se preocupado em equipar seus missionários com uma teologia mais robusta. Mesmo que cada campo missionário possua seus próprios desafios, culturais e teológicos, e que cada lugar exija do missionário conhecimentos profundos sobre determinadas partes da teologia, mas não de outras, ele certamente precisa de um bom embasamento teológico. Nunca se sabe quais perguntas podem vir no meio de uma conversa. O preparo teológico pode auxiliar a respondê-las no momento do evangelismo, abrindo, assim, as portas para o evangelho. A boa argumentação teológica abre caminho para a simplicidade do evangelho.

Ao lermos Atos 17, o episódio de Paulo em Atenas, percebemos ali um missionário bem-informado acerca da teologia e filosofia de seus interlocutores. Sem sombra de dúvidas, o conhecimento teórico de Paulo abriu portas para que alguns cressem no evangelho.[3]

Outro ponto importante é que o missionário exerce papéis múltiplos na igreja que está sendo plantada. Um deles é o ministério da pregação. Logo, homens e mulheres enviados ao campo precisam manejar bem a palavra da verdade (2Timóteo 2:15).

---

[2] Para saber mais sobre o assunto, sugiro os seguintes episódios do Bibotalk: "Teologia da adoração — BTCast 324"; "A música em Calvino — BTCast 367"; "BTCast 140 — Música, ritmo e louvor" e "Teologia bíblica da adoração — BTCast Vida Nova 026".
[3] Para saber mais sobre Paulo em Atenas, sugiro o episódio "Paulo e os outros — BTCast 289".

TEOLOGIA E MINISTÉRIO PASTORAL

A função primária e fundamental do ministério pastoral é o ensino e o aconselhamento bíblico. Isso fica claro em um episódio dos primeiros dias da igreja:

> Naqueles dias, crescendo o número de discípulos, os judeus de fala grega entre eles queixaram-se dos judeus de fala hebraica, porque suas viúvas estavam sendo esquecidas na distribuição diária de alimento. Por isso os Doze reuniram todos os discípulos e disseram: "Não é certo negligenciarmos o ministério da palavra de Deus, a fim de servir às mesas. Irmãos, escolham entre vocês sete homens de bom testemunho, cheios do Espírito e de sabedoria. Passaremos a eles essa tarefa e nos dedicaremos à oração e ao ministério da palavra" (Atos 6:1-4).

A demanda da igreja cresceu, mas os apóstolos não poderiam se ocupar da parte diaconal da igreja porque a principal tarefa deles, e também de um pastor atual, é pregar e ensinar a Palavra. Fico muito preocupado quando vejo pastores se dedicarem a tantas outras tarefas da igreja que não o preparo do sermão e do aconselhamento.

Sei que existem períodos na vida da igreja, principalmente na fase de plantação, em que o pastor é o faz tudo, de pintor a pregador, abraçando muitas atividades. Mas isso não é saudável em longo prazo. Esse episódio de Atos mostra que o pastor que está à frente da comunidade precisa se dedicar à oração e ao ensino da Palavra, o que requer tempo de qualidade.

Se você é membro de uma igreja, voluntarie-se no que puder. Procure ofertar esse tempo aos seus pastores, porque ele é fundamental. Eles precisam disso para se preocuparem o mínimo possível com detalhes administrativos.

Paulo e seus companheiros tinham como prioridade básica o ensino da Palavra. Todo o cuidado que o apóstolo demonstrou em suas cartas parece ter como objetivo principal o "andar" digno diante de Deus por meio da ministração da Palavra. Ele

TEOLOGIA ESFRIA O CRENTE?

falou a Timóteo que o obreiro precisa ensinar corretamente a Palavra da verdade (2Timóteo 2:15, NVT). Ao lermos as cartas pastorais, fica muito evidente a preocupação de Paulo em que se ensine corretamente a doutrina. Os pastores e líderes precisam ter a teologia como sua amiga, devem conhecê-la razoavelmente bem e ser seus eternos estudantes.

Sempre que leio a carta de John Wesley ao seu amigo John Trembath sou impactado. Leia um trecho:

> O que tem lhe prejudicado excessivamente nos últimos tempos e, temo que seja o mesmo atualmente, é a carência de leitura. Eu raramente conheci um pregador que lesse tão pouco. E talvez por negligenciar a leitura, você tenha perdido o gosto por ela. Por esta razão, o seu talento na pregação não se desenvolve. Você é apenas o mesmo de há sete anos. É vigoroso, mas não é profundo; há pouca variedade; não há sequência de argumentos. Só a leitura pode suprir esta deficiência, juntamente com a meditação e a oração diária. Você engana a si mesmo, omitindo isso. Você nunca poderá ser um pregador fecundo nem mesmo um crente completo. Vamos, comece! Estabeleça um horário para exercícios pessoais. Poderá adquirir o gosto que não tem; o que no início é tedioso, será agradável, posteriormente. Quer goste ou não, leia e ore diariamente. É para sua vida; não há outro caminho; caso contrário, você será, sempre, um frívolo, medíocre e superficial pregador.[4]

Ainda que essa recomendação de Wesley seja direcionada a um colega de ministério, ela serve de alerta para todos os cristãos, visto que, em maior ou menor grau, todos nós devemos nos envolver com a proclamação do evangelho, o que requer conhecimento bíblico e doutrinário.

Mas será que a doutrina importa tanto assim?

---

[4] Disponível em: monergismo.com/textos/pregacao/pregadores_wesley.htm. Acesso em: 11 ago. 2022. Recomendo também o episódio "Pastor precisa estudar teologia? — BTCast 432" do Bibotalk.

● CAPÍTULO 8

A doutrina cristã

Para avaliarmos se a doutrina é importante, vou contar uma história real.[1]

José e Maria são evangélicos; ele assembleiano, ela presbiteriana. Eles se casaram, e então nasceu o Josué. Maria quis levar o filho para ser batizado, mas José, que não concordava com o batismo infantil, disse que o menino deveria ser apresentado na igreja e só depois, quando cresse, seria batizado. Maria cedeu, mas ficou triste por saber que o filho não seguiria a doutrina da igreja dela. Isso, até o momento que escrevo essas linhas, ainda gera conflitos no casamento deles.

Estamos diante de um dilema eclesiástico que muitos julgam de pouca importância. Contudo, sei de inúmeros casais que passaram ou passam por problemas devido a diferenças doutrinárias. Quando falei sobre isso em meu Instagram, recebi dezenas de directs dessa natureza, entre eles, de cônjuges relatando mudanças comportamentais drásticas no parceiro por conta de novas crenças, ou enfatizando o fato de não congregarem juntos.

Ser cristão significa, entre outras coisas, fazer escolhas doutrinárias, ter crenças basais e denominacionais, e elas importam. Junto com essas crenças básicas que caracterizam um movimento como

> **Ser cristão significa, entre outras coisas, fazer escolhas doutrinárias, ter crenças basais e denominacionais, e elas importam.**

---

[1] Mudei os nomes e as denominações das personagens.

cristão,[2] existem diferentes doutrinas que surgiram ao longo da história da igreja. Assim, hoje há igrejas que praticam o pedobatismo (batismo infantil) e outras, o credobatismo (batismo confessional); há igrejas que falam em línguas e outras que não; igrejas que acham um absurdo mulheres serem pastoras, e outras que foram fundadas por mulheres. Existe diversidade doutrinária no corpo de Cristo.

A despeito dessas variações, podemos falar da doutrina de forma geral, pois, como definiu um estudioso, "O que a igreja de Jesus Cristo acredita, ensina e confessa com base na Palavra de Deus: essa é a doutrina cristã".[3]

O ROTEIRO DA VIDA

Eu gosto muito da maneira como Kevin Vanhoozer fala sobre doutrina. Ele traz a ideia de doutrina como o script de nossa atuação no mundo. Doutrina não é qualquer coisa: é o roteiro da igreja em sua atuação.

A doutrina cristã é o conjunto de sabedoria e ensinamentos que faz a igreja acreditar, ensinar e confessar algo enquanto vive sua espiritualidade no dia a dia, e aguarda a plenitude do reino de Deus.

> Doutrina é, portanto, algo dramático, uma coisa que não se deve apenas ouvir, apenas crer, mas que também deve ser manifestada, praticada e exteriorizada. O caminho da semelhança de Cristo não é passivo, a graça não se opõe ao esforço, mas, sim, à ideia de recompensa. O segredo de cultivar discípulos é a ação bem dirigida.[4]

O objetivo de a igreja valorizar a doutrina cristã é a formação de discípulos, o cultivo da mente de Cristo na vida da

---

[2] Para saber mais sobre as doutrinas básicas do cristianismo, ouça o episódio "A sã doutrina — BTCast Vida Nova 037" do Bibotalk.

[3] PELIKAN, Jaroslav. *A tradição cristã*: O surgimento da tradição católica 100-600. vol. 1. São Paulo: Shedd, 2014. p. 25.

[4] VANHOOZER. *Encenando o drama da doutrina*, p. 38.

comunidade. A ordem de Jesus de irmos e pregarmos o evangelho pressupõe um conteúdo a ser ensinado.

A esse conteúdo chamamos de tradição apostólica. Os ensinamentos de Jesus foram preservados e transmitidos pelos apóstolos e discípulos por via oral nos primeiros anos da igreja, visto que os Evangelhos foram escritos décadas depois da ressurreição de Cristo.[5] A igreja se firmou nessa tradição apostólica (cf. Atos 2:42) e a usou como roteiro de sua atuação ao longo dos tempos.

Acho fascinante saber que meus irmãos e irmãs no passado batalharam com zelo para guardarem essa fé (cf. Judas 1:3).[6] É interessante que, no contexto dessa carta, Judas está combatendo falsos mestres que distorcem aquilo que Jesus e os apóstolos ensinaram.

Como mencionado, Jesus termina seu ministério com a ordem para ensinarmos os seus mandamentos (Mateus 28:20); a igreja se dedicou de coração à doutrina dos apóstolos (Atos 2:42); Paulo recomendou a Timóteo que transmitisse a outros o que dele aprendeu para que esses também ensinassem aos demais (2Timóteo 2:2). Esses poucos versículos nos mostram como a doutrina foi vital para existência da igreja, e como os ensinamentos guiaram o povo de Deus através dos séculos.

Os estudiosos comparam as doutrinas a um mapa. Mapas nos guiam a um destino, nos mostram a direção. Assim também a sã doutrina guia a igreja no cumprimento do seu propósito: "A sã doutrina não é um arquivo de informações que serve apenas para apresentar fatos. É, na verdade, um mapa para nossa peregrinação neste mundo até o mundo vindouro".[7] Segundo Vanhoozer:

---

[5] Para mais detalhes, ouça o episódio "A formação do cânon do NT — BTCast 354" do Bibotalk.

[6] "Batalhar" significa aplicar esforço intenso na tarefa, como atletas que se esforçam na competição. Cf. *Bíblia de Estudos Thomas Nelson*. Rio de Janeiro: Thomas Nelson Brasil, 2023. p. 2441.

[7] JAMIESON, B. *Sã doutrina*: Como uma igreja cresce no amor e na santidade de Deus. São Paulo: Vida Nova, 2016. p. 22.

> É dessa forma que a doutrina dirige a igreja para que esta vire o mundo de cabeça para baixo: ao insistir com os cristãos para que façam o que sabem, manifestando na vida de discípulos e nas igrejas locais a sabedoria de Jesus Cristo. A igreja é (ou deve ser) uma manifestação pública das boas-novas, o bem supremo encontrado apenas na união com Jesus Cristo. Este tem sido o dever da igreja desde o início: viver na prática o caminho, a verdade e a vida de Jesus Cristo.[8]

Temos responsabilidades como atores no drama divino, isto é, naquilo que Deus está encenando no mundo por meio do seu povo. Nossa atuação pública em cultos, promoção da paz, prática da justiça, vida na verdade testemunham a presença de Jesus no mundo.

O CAMINHO DA VERDADE

Como saber se nosso roteiro é verdadeiro? Primeiro, deve-se entender que a verdade para nós, cristãos, é uma pessoa: Jesus Cristo. Sendo assim, acreditamos em uma verdade absoluta. É claro que Jesus chegou até nós por meios históricos, por caminhos humanos. Como disse Sawyer "A verdade de Deus é mediada pela roupagem humana e pelo processo histórico contingente".[9] Até mesmo experiências que possamos ter com Deus são influenciadas pelo contexto histórico em que vivemos.

Entendemos que nossa experiência e nosso conhecimento de Deus são verdadeiros por pelo menos dois motivos. Primeiro, temos a revelação de Deus na história. Segundo, somos herdeiros da tradição que preservou essa manifestação divina. Ainda que não tenhamos acesso não intermediado à verdade absoluta,

---

[8] VANHOOZER. *Encenando o drama da doutrina*, p. 26.
[9] SAWYER. *Uma introdução à teologia*, p. 115.

A DOUTRINA CRISTÃ

acreditamos que as Escrituras são verdadeiras, originadas de Deus e preservadas pela igreja ao longo da história.

Deus se revelou para um homem chamado Abraão e, a partir disso, se desenvolveu a história de salvação que culminou na morte e ressurreição do Messias. Essa revelação e essa história chegaram até nós por agentes humanos; obviamente inspirados por Deus, mas também historicamente localizados. A Bíblia não caiu pronta do céu. Ela foi sendo forjada ao longo dos séculos pelo povo de Deus, enquanto discerniam a revelação divina. Por isso, na Bíblia, há tantos gêneros literários, diferenças de estilo e outras características culturais. Basta ler os Evangelhos e você verá a mesma história sendo contada de formas diferentes, com ênfases diferentes e por aí vai. De alguma forma, a verdade não nos chega por vias diretas, ou seja, não ouvimos Deus nos falar face a face. O nosso olhar para Deus é mediado pela história.

Sendo assim, se não temos acesso à verdade plena, como saber se aquilo que ouvimos sobre Deus é verdadeiro?

> A resposta a esse dilema poderá vir, em parte, de um diálogo com o passado. Todos cometemos erros: mas nem todos cometemos os mesmos erros. Se nossos predecessores espirituais, baseados na situação histórica e concreta que vivenciavam e com os próprios conceitos e pressuposições, contemplaram a mesma informação que possuímos e chegaram a conclusões semelhantes às nossas, poderemos, com alto grau de segurança, afirmar que nossa leitura dessa informação não está tão distorcida por nossos preconceitos.[10]

Confiamos na tradição cristã e no seu legado. Acreditamos que ela representa de forma real a Verdade. Nesse sentido, podemos falar em níveis de verdade, como sugeriu Sawyer.[11]

---

[10] SAWYER. *Uma introdução à teologia*, p. 114.
[11] SAWYER. *Uma introdução à teologia*, p. 114.

Níveis de Verdade

VERDADE
Deus somente é VERDADE absoluta.

Verdade
As Escrituras são a Verdade simples,
historicamente condicionada/concretizada.

---

verdade
A teologia é verdade à medida que reafirma de forma precisa a
Verdade historicamente concreta das Escrituras em categorias
entendidas pelos ouvintes contemporâneos.

Verdade e verdade podem se aproximar da **VERDADE**, mas
apenas em alguns pontos. Sendo estruturas de entendimento,
todos os sistemas teológicos estão sob a categoria de verdade.

TEOLOGIAS VERDADEIRAS

A compreensão de que nós, seres humanos, temos acesso limitado à VERDADE deve nos colocar num lugar de humildade e compreensão. Por que digo isso? Infelizmente, algumas tradições cristãs têm uma postura sectária em relação às outras correntes teológicas, se achando a única expressão verdadeira da fé cristã.

Esse exclusivismo é um absurdo e destoa da própria Bíblia, visto que, nela, há uma pluralidade de ideias sobre Deus e sua ação no mundo. A teologia na Bíblia é uma sinfonia de vários instrumentos afinados pelo Espírito Santo. A tradição cristã, ainda que tenha um conjunto básico de doutrinas, como o credo apostólico, foi marcada por diversidade teológica — algumas legítimas, outras ilegítimas.

> **A teologia na Bíblia é uma sinfonia de vários instrumentos afinados pelo Espírito Santo.**

Essa diversidade teológica é inevitável. Fazemos teologia e construímos doutrinas em contextos e tempos diferentes. Por isso a teologia é tão rica: são dois mil anos de história, tentando

A DOUTRINA CRISTÃ

absorver a Verdade e chegar ao nível mais alto da verdade, isto é, a uma teologia verdadeira. Como disse Sawyer:

> Deus nos confiou sua revelação, em toda a sua riqueza e inteireza multiforme, mas não nos deu uma teologia. Ele se revelou por meio de suas obras e palavras na história humana, em seus encontros com indivíduos em várias épocas e lugares. Ele se revelou de modo mais completo na pessoa e na obra de Jesus Cristo, mas essa revelação está em forma de narrativa, como história. Nossa tarefa é organizar o material e fazer dele um todo coerente, de modo que sejamos capazes de compreender mais plenamente quem é Deus e o que ele tem feito.[12]

Ainda que haja diferentes visões teológicas acerca de alguns assuntos, toda teologia, para ser cristã, precisa ser verdadeira, ou seja, precisa ter um compromisso com a Escritura e com a história da igreja. Então, ainda que minha corrente teológica não seja a VERDADE absoluta, ela precisa refletir a Verdade.

Vamos dar um exemplo. Toda teologia verdadeira deve afirmar que a salvação do ser humano é por meio de graça. Isso está claro na Bíblia. Entretanto, ao longo dos séculos, a forma com que essa salvação acontece ganhou compreensões distintas. Os calvinistas enfatizam que Deus escolhe alguns indivíduos, logo, para esses indivíduos, a graça de Deus é irresistível. Já os arminianos entendem que Deus derrama sua graça sobre todos, e que alguns irão resistir a essa graça, outros, não. Em ambas as tradições, a salvação é pela graça, mas a forma com que ela se aplica é diferente. Nessa discussão, as duas correntes possuem forte embasamento teológico, histórico e exegético.[13]

E qual é a certa? Não sei, a minha? Eu tenho minha preferência, e acredito que corresponda mais ao ensinamento bíblico.

---

[12] SAWYER. *Uma introdução à teologia*, p. 21.
[13] Além das duas que cito, tem ainda as perspectivas luterana, molinista, anglicana. Dentro do próprio calvinismo, bem como do arminianismo, há subgrupos.

Contudo, preciso admitir que a visão que não defendo também é verdadeira e encontra bases na revelação de Deus.

Nós precisamos de humildade teológica para não transformar nossa corrente teológica em VERDADE absoluta. A VERDADE absoluta é somente Deus. Ninguém pode afirmar que o calvinismo ou o arminianismo ou luteranismo sejam o evangelho, pois todos o são em alguma medida. Eles precisam ser uma manifestação da Verdade, mas eles, em si, não são a VERDADE.

CERCADOS TEOLÓGICOS

Vimos que doutrinas são importantes e interferem em nossas vidas. Também percebemos que, ainda que a tradição cristã não seja uniforme e monolítica, ela precisa refletir a Verdade em todas as suas ramificações. Dito isso, fica evidente que nossas igrejas, se forem sérias e bíblicas, estão em algum cercado teológico. E tudo bem, isso pode ser bom. Penso em cercados de forma positiva, como uma barreira que traz segurança, proteção e delimitação. Por meio da tradição da qual faço parte, crio identidade comunitária e missionária. Saber no que acreditar e o que defender é sadio, desde que feito em amor e mansidão.

Os cercados teológicos que criamos ao longo dos séculos na tradição cristã devem ser baixos, como alertou um pastor: "Não há nada de errado em termos cercados. Mas vamos manter as nossas cercas baixas e vamos nos dar as mãos com frequência".[14]

Precisamos aprender teologia para ensinar, para ter tolerância e respeitar quem pensa diferente. Buscamos a Verdade e entendemos que há mais pessoas honestamente buscando essa Verdade. Sejamos, juntos, guardiões da Verdade, arautos da VERDADE enquanto fazemos teologia de verdade.

---

[14] DEVER, M. apud BAUDER, K. (et al.). *Quatro visões sobre o evangelicalismo.* São Paulo: Batista Regular, 2021. p 133.

Conclusão

Segundo pesquisas, o evangélico é mais suscetível a acreditar em notícias falsas e teorias da conspiração.[1] Na pandemia da Covid-19, demos um show de desinformação via redes sociais. Foi um show de horror teológico. Não podemos ver uma tragédia que já buscamos referências bíblicas. Ao ouvir a palavra "chip", automaticamente pensamos na marca da besta. Aliás, teve pastor falando que a vacina contra a Covid-19 teria um microchip e que era projeto do anticristo. Eu poderia escrever parágrafos e mais parágrafos sobre os devaneios teológicos apocalípticos e outros erros bíblicos difundidos durante a pandemia, mas o foco dessa conclusão é ressaltar que o negacionismo teológico é perigoso para a igreja.

O profeta Oseias alertou:

> Meu povo foi destruído por falta de conhecimento. Uma vez que vocês rejeitaram o conhecimento, eu também os rejeito como meus sacerdotes; uma vez que vocês ignoraram a lei do seu Deus, eu também ignorarei seus filhos (Oseias 4:6).

A pena do profeta pesou contra aqueles que tinham responsabilidades de ensinar ao povo o conhecimento de Deus. Se o que Deus ensina por meio da sua aliança é ignorado por aqueles que deveriam zelar por esse conhecimento, todo o povo sofre e entra em ruínas. O povo, por sua vez, também é culpado por

---

[1] GARROS, Tiago. "Por que os evangélicos são tão tentados pelas certezas fáceis de teorias da conspiração?". Disponível em: https://www.theolab.org.br/2020/12/17/por-que-os-evangelicos-sao-tao-tentados-pelas-certezas-faceis-de-teorias-da-conspiracao/. Acesso em: 10 fev. 2023.

seguir o caminho errado, confiar cegamente em sua liderança religiosa e não consultar ao Senhor.

O Novo Testamento afirma que todos nós somos sacerdotes e sacerdotisas do Deus vivo, responsáveis por saber explicar a razão da nossa esperança (1Pedro 2:9; 3:15). Quando ignoramos a busca pelo saber e negamos o valor do ensino teológico, cometemos o mesmo erro de Israel e caminhamos em direção ao erro.

Quando o povo nega o estudo sério da teologia, vê o diabo na marca do refrigerante, no videogame, nos desenhos. Só não vê o falso mestre que lhe ensina asneiras bíblicas e doutrinas estranhas semana após semana. Teologias da cobertura espiritual, da maldição hereditária, apenas para citar duas, são largamente aceitas como bíblicas. Contudo, um estudo sério e comprometido com as regras da interpretação bíblica mostra a fraqueza dessas teologias.

A igreja se torna fraca teologicamente quando se alimenta mal. Eu, por muito tempo fui um adulto com paladar infantil, isto é, evitava alimentos mais complexos, como legumes e verduras. O problema do paladar infantil é que, com o passar do tempo, ele lhe traz problemas de saúde. Quando entendi isso, procurei me alimentar melhor e evitar certas guloseimas. Ainda preciso melhorar nesse quesito, mas minha saúde deu um salto qualitativo a partir dessa mudança.

Isso vale também para a espiritualidade. Não podemos ficar só no leitinho espiritual. Precisamos de comida sólida para termos uma fé firme!

Que seja este o seu compromisso: estudar mais a Palavra de Deus e aprender teologias saudáveis. Ser uma bênção para a igreja de Jesus e ajudar irmãos e irmãs no caminho da fé. Amém!

> **Não podemos ficar só no leitinho espiritual. Precisamos de comida sólida para termos uma fé firme!**